《ESSERE, O NON ESSERE, QUESTO È IL DILEMMA.》

Amleto, atto terzo, prima scena, William Shakespeare

Indice

1. Introduzione

Lo sviluppo delle nuove tecnologie ha permesso all'uomo di superare problematiche riscontrate nella comune esperienza umana con l'obiettivo di assicurare il miglioramento della vita. Oggi l'innovazione tecnologica offre il suo contributo per innovare socialmente le relazioni tra più soggetti, cambiando per sempre la modalità di reperimento delle informazioni che necessariamente intercorrono tra questi grazie a canali di comunicazione sempre più rapidi ed efficaci: i c.d. *Social-network*.

Ad un primo e banale riscontro, ci si rende conto della vastità delle modalità delle condotte che i vari soggetti mettono in atto per ottenere dati informatici e della complessità dei rischi derivanti da un possibile uso improprio dei dati, mediamente ricavabili da un utente comune. Nell'era della comunicazione digitale si assiste al mutamento delle modalità di alcune condotte illecite, dapprima verificabili nella comune scena della vita quotidiana materica (Tizio che si appropria indebitamente della bici di Caio), ora, invece, spostandosi in uno spazio virtuale ovvero immateriale, intangibile. Le relazioni virtuali d'altronde hanno assunto la stessa portata di quelle reali, definendo una vera e propria "comunità virtuale", che diventa così un luogo fertile di azioni criminose che turbano la pace sociale con atti vendicativi, ludici, al di là di quelli a scopi economici.

Come sappiamo dalla storia dell'evoluzione giuridica dell'uomo, sorge oggi la necessità da parte del legislatore di rincorrere e disciplinare *ex novo* i nuovi fenomeni, oppure adattarli analogicamente, seppur con evidente difficoltà, alle fattispecie tipiche già previste dal diritto oggettivo. La tutela della riservatezza delle informazioni personali è tra gli obiettivi più impegnativi che attanaglia l'intera comunità mondiale, con i possibili rischi di finalità di interesse economico e socio-politico a sfondo drammatico monopolistico, in mano a pochi a danno dei tanti, minando i combattuti e ancor galleggianti diritti fondamentali che ogni essere umano ha diritto di possedere, nel nome della libertà.

L'utilizzo sempre più massiccio dei mezzi telematici tramite il *web* ha fatto sì di creare un sistema con il quale i soggetti coinvolti nella vita pubblica e non potessero più facilmente interagire senza limiti e ostacoli nelle proprie attività quotidiane. In questo modo viene estesa necessariamente l'identità della persona, che si riassume nel suo surrogato digitale, il quale in definitiva avrebbe avuto l'obiettivo di assicurare maggiore autenticità selettiva della stessa. Non è in dubbio quindi che una certa posta in gioco debba rimanere scoperta e priva di tutela contro i facili abusi che oggigiorno possiamo constatare su scala mondiale nel reato di sostituzione della persona. Infatti la gravità dei possibili fenomeni di reato che si possono configurare, e la sua stessa problematicità nella gestione del fenomeno nel contenerlo, non possono che essere oggetto di attenta valutazione dei singoli legislatori nazionali, comunitari, e internazionali, che già da qualche decennio avevano cercato di disciplinare un fenomeno in piena evoluzione ed incremento. L'intento è quello di identificare i diversi interessi in gioco, in *primis*, ma non esclusivo, del bene giuridico della persona offesa alla quale inconsapevolmente vengono sottratti i dati personali (c.d. fede privata) e, in seguito, la violazione della pubblica fede dell'intera platea degli utenti che erroneamente hanno confidato di interloquire con un soggetto diverso. Così che, dal tenore della condotta illecita, si può quindi presagire un reato plurioffensivo.

2. Sviluppo storico normativo della tutela privata della privacy

2.1 Primi cenni storici

È doveroso cominciare la trattazione in merito allo sviluppo del prodotto normativo alla tutela privata della *privacy* enucleando alcuni dei pilastri che ho ritenuto essere di estrema importanza in ambito europeo, ed extraeuropeo. In un primo momento porremo il focus sull'Art. 8 della *Convenzione Europea dei diritti dell'uomo* [1], CEDU rubricato con "*Diritto al rispetto della vita privata e familiare*" che ha sancito la genesi del diritto alla riservatezza riguardante il *Diritto alla vita privata*:

> "*Ogni persona ha diritto al rispetto della sua vita privata e familiare, del suo domicilio e della sua corrispondenza. Non può esservi ingerenza di una autorità pubblica nell'esercizio di tale diritto a meno che tale ingerenza sia prevista dalla legge e costituisca una misura che, in una società democratica, è necessaria per la sicurezza nazionale, per la pubblica sicurezza, per il benessere economico del paese, per la difesa dell'ordine e per la prevenzione dei reati, per la protezione della salute o della morale, o per la protezione dei diritti e delle libertà altrui*".

---

[1] La Convenzione europea per la salvaguardia dei diritti dell'uomo e delle libertà fondamentali o CEDU (in francese: "Convention européenne des droits de l'Homme") è una Convenzione internazionale redatta e adottata nell'ambito del Consiglio d'Europa. La Convenzione è stata firmata a Roma il 4 novembre 1950 dai 13 stati al tempo membri del Consiglio d'Europa (Belgio, Danimarca, Francia, Grecia, Irlanda, Islanda, Italia, Lussemburgo, Norvegia, Paesi Bassi, Regno Unito, Svezia, Turchia), è divisa in tre titoli e consta di 59 articoli, ed è entrata in vigore il 3 settembre 1953.

La stessa Convenzione Internazionale ebbe l'obiettivo di fissare il basilare riconoscimento universale a tutti gli stati nazionali europei del primo diritto alla *privacy*, che ad oggi riteniamo, anche in merito alla stessa trattazione di questa tesi, tanto fondamentale. L'intento fu quello di omogeneizzare lo sviluppo sociale degli individui nell'ambito privatistico e familiare, che da questo momento in poi trova luogo nel domicilio e nella corrispondenza, come espresso chiaramente dal testo della Convenzione. Il prosieguo sembrerebbe inoltre riaffermare tra le righe la concezione ideale illuministica rivoluzionaria riguardo la tutela del singolo da qualsiasi ingerenza dei poteri tirannici nella vita privata e familiare. Chiaramente per raggiungere una società democratica è possibile e talora necessario trovarsi di fronte a casi di intromissione dell'autorità pubblica nella vita privata e familiare del singolo in caso di motivazioni legate a sicurezza nazionale, pubblica sicurezza, prevenzione dei reati, protezione della salute, ecc.

2.2 Evoluzione normativa fino ai giorni nostri

A mezzo secolo di distanza dalla prima formulazione normativa della tutela della vita privata e familiare di ogni persona è ancora viva questa concezione, che evidenzia però un'evoluzione necessaria ed intuitiva. Infatti gli Artt. 7 e 8 della *Carta dei diritti fondamentali dell'Unione Europea* [2] formalizzano al meglio tale disposizione alla luce dell'era telematica moderna. L'Art. 7 rubricato come *"Rispetto della vita privata e della vita familiare"* espone che:

"*Ogni individuo ha diritto al rispetto della propria vita privata e familiare, del proprio domicilio e delle sue comunicazioni* ".

---

[2] La Carta dei diritti fondamentali dell'Unione europea (CDFUE), in Italia anche nota come Carta di Nizza, è stata solennemente proclamata una prima volta il 7 dicembre 2000 a Nizza e una seconda volta, in una versione adattata, il 12 dicembre 2007 a Strasburgo da Parlamento, Consiglio e Commissione.

In riferimento a questo articolo, si evidenzia l'innovazione della terminologia di cui abbiamo sopra espresso, che segue l'*evoluzione della tecnica* e passando così dalla voce "*corrispondenza*" a quella di "*comunicazioni*".

A seguire, l'Art. 8, che viene rubricato come "*Protezione dei dati di carattere personale*", enuncia che:

> "*Ogni persona ha diritto alla protezione dei dati di carattere personale che la riguardano. Tali dati devono essere trattati secondo il principio di lealtà, per finalità determinate e in base al consenso della persona interessata o a un altro fondamento legittimo previsto dalla legge. Ogni persona ha il diritto di accedere ai dati raccolti che la riguardano e di ottenerne la rettifica. Il rispetto di tali regole è soggetto al controllo di un'autorità indipendente*".

Qui il legislatore comunitario, utilizzando il termine "dati di carattere personale", che poi si evolverà in "dati personali" e/o "dati sensibili", non aveva idea della rilevanza che questo avrebbe assunto. Infatti come sappiamo l'avvento della tecnologia alla portata di tutti ha evoluto le attività della comune scena della vita quotidiana. Oggi possiamo accedere a dati personali in maniera molto più semplice e rapida rispetto al passato, aumentando però smisuratamente il rischio di facili *data leak* [3].

In altro contesto, che giustifica il nostro salto temporale, troviamo un'interessante trattazione che ci viene in aiuto nella comprensione dell'evoluzione storico normativa. A tre anni dalla costituzione delle Nazioni

---

[3] Il termine Data Leak è entrato nel vocabolario comune ad indicare il trasferimento non autorizzato - volontario o involontario - di informazioni riservate.

Unite, avvenuta il 24 ottobre 1945, durante l'Assemblea generale di Parigi fu sancita la *Dichiarazione universale dei diritti umani* [4], che contiene al suo interno, all'Art. 12, questo testo:

> "*Nessun individuo potrà essere sottoposto ad interferenze arbitrarie nella sua vita privata, nella sua famiglia, nella sua casa, nella sua corrispondenza, né a lesione del suo onore e della sua reputazione. Ogni individuo ha diritto ad essere tutelato dalla legge contro tali interferenze o lesioni*".

Ricavabile dal testo stesso è il ruolo preminente della legge di disciplinare la tutela dell'individuo in relazione a possibili interferenze e lesioni verso il suo onore e la sua reputazione, due realtà che si riconducono alla teoria personalistica sancita anche nella nostra *Costituzione repubblicana* nelle preleggi.

Illuminante come la *Convenzione internazionale sui diritti civili e politici* del 1966 riprenda quasi integralmente il testo sancito dalla *Dichiarazione*, alla quale si richiama sottolineando l'importanza della riservatezza dell'individuo nelle sue sfere della vita privata, familiare e nella sua corrispondenza, rafforzando il ruolo della legge a garanzia di eventuali interferenze od offese, come espresso dall'Art. 17 della *Convenzione internazionale sui diritti civili e politici* [5]:

---

[4] La dichiarazione universale dei diritti umani è un documento sui diritti della persona adottato dall'Assemblea generale delle Nazioni Unite nella sua terza sessione, il 10 dicembre 1948 a Parigi con la risoluzione 219077A. Votarono a favore 48 membri su 58. Nessun paese si dichiarò contrario, ma dieci si astennero.

[5] La convenzione internazionale sui diritti civili e politici, (meglio nota come Patto internazionale sui diritti civili e politici), è un trattato delle Nazioni Unite nato dall'esperienza della Dichiarazione Universale dei Diritti dell'Uomo, adottato nel 1966 ed entrato in vigore il 23 marzo del 1976.

"Nessuno può essere sottoposto ad interferenze arbitrarie o illegittime nella sua vita privata, nella sua famiglia, nella sua casa o nella sua corrispondenza, né a illegittime offese al suo onore e alla sua reputazione. Ogni individuo ha diritto ad essere tutelato dalla legge contro tali interferenze od offese".

Con questi due ultimi articoli il diritto alla *privacy* trova un riconoscimento ufficiale che dal periodo dell'Europa illuministica e Pre-Rivoluzionaria del fine '700 era ritenuto un diritto soggettivo, sia come esigenza necessaria di ogni individuo, sia indirettamente come un privilegio sociale e civile riconosciuto ad un determinato ceto.

2.3 Fondamento costituzionale della tutela Artt. 2, 3, 13, 14, 15

Non è un caso che la stessa *Costituzione Italiana,* sulla scia dei precedenti riconoscimenti giuridici, che parte dal primo diritto alla vita privata e quindi della riservatezza, riconosca ed evolva il concetto della *"teoria personalistica"* all'Art. 2 dei dodici articoli che elencano i principi dell'ordinamento repubblicano:

"La Repubblica riconosce e garantisce i diritti inviolabili dell'uomo, sia come singolo sia nelle formazioni sociali ove si svolge la sua personalità, (...)",

con l'intento di garantire e promuovere lo sviluppo della personalità dell'individuo, sintomo prodromico dell'essere se stessi, in tutti i luoghi dove si svolge la sua personalità.

La Corte di Cassazione precisa che il dispositivo c.d. *Fattispecie aperta*, ha *"la finalità dell'Articolo 2 Cost. è proprio quella di tutelare la persona umana integralmente e in tutti i suoi modi essenziali. Tale norma costituzionale non ha una funzione meramente riassuntiva dei diritti espressamente tutelati nel testo costituzionale od anche di quelli inerenti la persona umana previsti nel codice civile; essa si colloca al centro dell'intero ordinamento costituzionale ed assume come punto di riferimento la persona umana nella complessità ed unitarietà dei suoi valori e bisogni, materiali e spirituali. Appunto perciò, la norma non può avere un compito soltanto riepilogativo; essa costituisce una clausola aperta e generale di tutela del libero e integrale svolgimento della persona umana ed è idonea di conseguenza, ad abbracciare nel suo ambito nuovi interessi emergenti della persona umana purché essenziali della medesima"* [6], offrendo, quindi, un'interpretazione che veicola l'interprete ad accettare e riconoscere, scevro dal tempo in cui fu sancita, che in qualunque "ove" si debba tener conto anche del diritto alla riservatezza informatica nel *Cyber-spazio*. Proprio come sostenuto anche da alcuni autori, tra i quali cito:

> *"La Cassazione ha fatto sua la tesi di quella dottrina che aveva inteso l'art. 2 della Costituzione come una fattispecie "aperta", che non si limitava soltanto a riepilogare i diritti fondamentali espressamente menzionati nel testo costituzionale, bensì essa costituiva una clausola aperta e generale di tutela del libero ed integrale svolgimento della persona umana, idonea di conseguenza ad includere ed assicurare tutela a nuovi interessi emergenti ed essenziali della persona"* [7].

---

[6] Corte di Cassazione, 22 giugno 1985, n.3769, in *Nuova giurisprudenza civile commentata*, 1985.
[7] Barbera A., Art. 2, in Branca G. (a cura di), *Commentario della Costituzione. Principi fondamentali*, art. 1-12, Bologna, 1975, pp. 50 ss.

La stessa Corte di Cassazione riprende il concetto affermando, nel decennio successivo dalla prima pronuncia, che "*la disciplina degli ambiti di tutela della vita privata del soggetto, pur non trovando espressa menzione nelle disposizioni costituzionali, ha il suo primo referente nel complesso dei principi da questa ricavabili; il diritto alla riservatezza, quale diritto della personalità, consente di individuare il correlativo fondamento giuridico ancorandolo direttamente all'Art 2 Cost., norma di carattere precettivo e non programmatico*" [8]. Ma come la storia giuridica insegna, l'intento del legislatore di affermare e ancorare il diritto alla riservatezza interpretando estensivamente il testo non ha trovato che forti dibattiti in dottrina. Già con la sentenza n. 98 del 1979 della Corte costituzionale, la quale sosteneva che "*l'elenco dei diritti di libertà contenuto nella Costituzione non può essere ampliato in via di interpretazione*", venne destato un forte scetticismo. Opinione giurisprudenziale che fu successivamente mitigata da diversi autori, come Pizzorusso:

> "*(...) poiché tuttavia mi sembra che la Corte costituzionale non possa cancellare con tre righe di motivazione un'elaborazione dottrinale e giurisprudenziale ormai cospicua, penso che a questo precedente non si possa dare gran peso*" [9].

Come si può notare, lo sforzo della Corte di Cassazione nel riconoscere e garantire il diritto alla riservatezza ampliando la stessa *ratio legis* dell'articolo ha generato criticità in dottrina. Il dibattito era concentrato nel riconoscere se l'articolo in questione avesse la c.d. *clausola generale aperta*, con il rischio di far decadere il diritto stesso, per esigenze di carattere puramente rivolte alla *certezza del diritto*. D'altro canto, il rigore stesso di un impianto normativo soffrirà inevitabilmente del "trascorrere del tempo"; un adeguamento che la

---

[8] Corte di Cassazione, sentenza n. 5658 del 1998
[9] Pizzorusso A., *I profili costituzionali di un nuovo diritto della persona*, in AA.VV, Il diritto alla identità personale, cit., p. 30

stessa giurisprudenza ha cercato di tamponare, onde evitare il rischio di far cadere nel vuoto possibili fattispecie prive di tutele.

Il ruolo preminente della clausola generale aperta assolve la funzione di fornire quel *grado di elasticità* che gli consente di fronteggiare i fatali mutamenti temporali a cui l'individuo umano è inevitabilmente soggetto, ribadendo che *"l'Art. 2 avrebbe quindi il compito di garantire costituzionalmente tutti quegli aspetti che, in un determinato momento storico, in base ad un'interpretazione evolutiva della Costituzione, il diritto inviolabile può assumere, in vista di una sua completa tutela. In tal modo si realizza il fine dell'ordinamento, di proteggere in maniera efficace la persona umana"* [10]. Ritengo doveroso soffermarmi sull'ultima proposizione della citazione appena indicata.

È importante riconoscere il *fil rouge* emblematico che accomunava lo spirito della Costituente riguardo al fine a cui l'ordinamento deve aspirare, a qualsiasi costo: quello di tessere un ordinamento basato su una *"Costituzione vivente"*, sulla quale non ci si soffermi su formalismi scritturali, riconoscendo così che ci possa essere il rischio *"di non proteggere in maniera efficace la persona umana"*. Inoltre il diritto alla riservatezza rappresenta uno dei diritti di un più ampio corollario delle libertà pienamente riconosciute dalla Costituzione, il quale è fondamentale *"per assicurare alla persona il pieno godimento dei diritti fondamentali sanciti dalla Costituzione"* [11]. Tra questi, solo per citarne alcuni, troviamo l'inviolabilità della libertà di pensiero, del domicilio e della corrispondenza, oltre che delle stesse comunicazioni.

La tutela Costituzionale dell'Art. 2 rappresenta solo un primo di una serie di tutele costituzionalmente riconosciute in altri articoli, tra cui Artt. 3, 13 ,14, 15;

---

[10] Auletta T. A., *Riservatezza e tutela della personalità*, Milano, 1978, pp. 42-43
[11] Belvedere A., *Riservatezza e strumenti di informazione*, in Dizionario del dir. priv., Milano, 1980, p. 750

questi ampliano e argomentano in modo specifico le manifestazioni tipiche dell'essere individuo.

"*Tutti i cittadini hanno pari dignità sociale e sono eguali davanti alla legge, senza distinzione di sesso, di razza, di lingua, di religione, di opinioni politiche, di condizioni personali e sociali. È compito della Repubblica rimuovere gli ostacoli di ordine economico e sociale, che, limitando di fatto la libertà e l'eguaglianza dei cittadini, impediscono il pieno sviluppo della persona umana e l'effettiva partecipazione di tutti i lavoratori all'organizzazione politica, economica e sociale del Paese*" [12].

La Costituzione italiana consacra e incastona il *principio di eguaglianza formale* al primo comma, "*tutti i cittadini hanno pari dignità sociale e sono eguali davanti alla legge, (...)*" che si realizza affidando all'ordinamento dello Stato l'obiettivo di assicurare la *par conditio* di tutti i cittadini, con il compito di rimuovere gli eventuali "*ostacoli di ordine economico e sociale*" (c.d. *eguaglianza sostanziale*) che di fatto possono impedire "*il pieno sviluppo della persona umana*".

Ritengo personalmente molto importante prendere in considerazione anche gli Artt. 13, 14 e 15 Cost. contenuti nella Parte I, intitolata "*Diritti e doveri dei cittadini*", nel Titolo I rubricato "*Rapporti civili*". La Costituzione sancisce esaurientemente questi articoli per garantire il pieno rispetto della persona umana e per assicurarle le immunità di cui ha bisogno per il suo pieno sviluppo. Come vedremo, per le limitazioni applicabili, la norma costituzionale prevede la *riserva di legge assoluta*, la *riserva di giurisdizione* e l'*obbligo della motivazione*.

---

[12] Costituzione Italiana, Art. 3

Art. 13, comma 1 e 2: *"La libertà personale è inviolabile. Non è ammessa forma alcuna di detenzione, di ispezione o perquisizione personale, né qualsiasi altra restrizione della libertà personale, se non per atto motivato dall'autorità giudiziaria e nei soli casi e modi previsti dalla legge".*

Con l'Art. 13 si vuole garantire l'inviolabilità della libertà personale di un individuo contro qualsiasi abuso o ingerenza che possano derivare dai singoli privati o dall'autorità pubblica. Il dispositivo precisa, in riferimento all'autorità pubblica, che le singole restrizioni saranno c.d. *tipiche*; queste restrizioni sono necessariamente previste dalla legge. Infatti solo essa disciplina i *casi* e i *modi* nei quali le restrizioni potranno essere eventualmente applicate. Concludendo, non saranno legittime tutte quelle restrizioni applicate ad un individuo che non rispecchiano quelle tipicizzate dall'ordinamento. Inoltre, si aggiunge che l'applicazione di una restrizione della libertà personale, essendo questo un diritto inviolabile dell'uomo, sarà sempre soggetta all'obbligo da parte dell'autorità giudiziaria della motivazione dei propri atti restrittivi nell'esercizio dei propri poteri.

In aggiunta a quanto è già stato detto l'articolo sottolinea al comma 4 che: *"É punita ogni violenza fisica e morale sulle persone comunque sottoposte a restrizioni di libertà".* Nel nostro caso oggetto di studio si potrà affermare che in tutti i casi in cui si realizzerà un furto di identità digitale, si violerà anche il richiamato articolo, dal momento che mediante la condotta si arreca una violenza morale alla vittima.

A seguire, vediamo insieme anche l'Art. 14 che stabilisce:

"Il domicilio è inviolabile. Non vi si possono eseguire ispezioni o perquisizioni o sequestri, se non nei casi e modi stabiliti dalla legge secondo le garanzie prescritte per la tutela della libertà personale. Gli accertamenti e le ispezioni per motivi di sanità e di incolumità pubblica o a fini economici e fiscali sono regolati da leggi speciali".

In quest'ultimo periodo è stata riconosciuta l'evoluzione telematica che vede un passaggio dal sistema *web-mail* PEC al *domicilio digitale*. Sarà infatti possibile eleggere domicilio digitale in appositi spazi elettronici, in prospettiva ad una sempre maggiore diffusione che avrà lo scopo di creare la c.d. *Cittadinanza digitale*. Come possiamo notare, oggi l'articolo riveste una funzione molto attuale, anche a distanza di più di cinquant'anni dalla sua formulazione.

I diritti di libertà e segretezza della corrispondenza e comunicazioni trovano il loro riconoscimento a livello costituzionale propriamente all'interno dell'Art. 15, il quale sancisce che:

"La libertà e la segretezza della corrispondenza e di ogni altra forma di comunicazione sono inviolabili. La loro limitazione può avvenire soltanto per atto motivato dell'autorità giudiziaria con le garanzie stabilite dalla legge".

I diritti relativi alla corrispondenza ed alle comunicazioni rappresentano una forma di espressione della libertà personale dell'Art.13 Cost.
Anche qui, come nell'articolo precedente, si riconosce che i diritti alla libertà e segretezza della corrispondenza e delle comunicazioni sono inviolabili da qualsiasi autorità; inoltre dichiara che eventuali limitazioni dovranno essere munite di atto motivato dell'autorità giudiziaria e corredate dalle garanzie

previste dalla legge. Ricordo inoltre che secondo la dottrina siamo di fronte ad un caso di endiadi: infatti non può aversi effettiva libertà di comunicazione se non ne è garantita la segretezza.

In riferimento alla dicitura *"ogni altra forma di comunicazione"* ci apprestiamo a riconoscere che si tratta chiaramente di una *clausola a fattispecie aperta*, la quale ingloba al suo interno tutte le modalità che l'evoluzione tecnologica crea nel mondo delle comunicazioni.

2.4 Profili critici

Come facilmente si può constatare il riconoscimento e lo sviluppo evolutivo di determinati diritti, a differenza di come possa in un primo momento apparire, crea più problemi di quanti ne possa risolvere.

L'anno 2006 è stato, per le Amministrazioni Italiane, l'anno della protezione dei dati e dell'adozione dei regolamenti per il trattamento dei dati sensibili. Un anno epocale contrassegnato dallo smisurato impegno tra Stato e l'Autorità Garante della Privacy, i quali si sono visti coinvolti nel definire un programma regolamentativo e di vigilanza delle condotte illecite ormai aumentate a dismisura.

Lo stesso Presidente dell'Autorità Garante, il Dott. Francesco Pizzetti, nella relazione annuale del 2006 dichiarò:

> *"Le azioni, le parole e le immagini si trasformano in miriadi di dati, che moltiplicano all'infinito, come in un prisma, i mille diversi aspetti della realtà materiale. Ogni individualità si disarticola e si scompone in tanti frammenti quanti sono i dati e le informazioni*

che la riguardano. (…). Sulla rete i dati vivono di una vita propria,
senza regole e senza possibilità di prevedere tutte le finalità e tutti
i contesti in cui saranno utilizzati" [13] .

Non si può non notare uno scetticismo di fondo, il quale traspare chiaramente riguardo alla gestione del trattamento dei dati personali e sensibili. Questi ogni giorno vengono immessi sulle reti informatiche, che sono apparentemente incontrollabili da un adeguato, se non utopico, impianto in materia (diritto e organo). In questo modo è inverosimile riuscire a tamponare totalmente i fenomeni delittuosi che sfuggono dal rispetto del *principio di liceità*[14] del trattamento dei dati personali. Citiamo anche il prosieguo del discorso dedicato alle criticità mosse dal Presidente dell'Autorità Garante della Privacy, il quale non risparmia il tono della consapevolezza e della perplessità, riguardo al fenomeno:

> *"Il furto di informazioni colpisce allo stesso modo la gente comune*
> *e i personaggi pubblici. Troppo spesso l'appropriazione illegittima*
> *dei dati e il loro utilizzo, legato a strategie sapienti di*
> *inquinamento della nostra società, rende meno giusta la giustizia,*
> *meno sicura la sicurezza, meno libera la democrazia, meno*
> *competitiva l'attività economica e finanziaria, meno credibile tutta*
> *la società. Questo sta avvelenando il Paese".*

> *"In Italia c'è un'emergenza nella protezione dati che ha assunto*
> *una dimensione pari ad altre nostre emergenze nazionali, quali*
> *quella ambientale, quella energetica, quella infrastrutturale, che*

---

[13] Queste parole sono state pronunciate dal Presidente del Garante per la protezione dei dati personali nella Relazione sull'attività dell'Autorità per l'anno 2006.
[14] Privi quindi della piena manifestazione del consenso dell'interessato e/o della conseguente doverosa messa a conoscenza, da parte del Titolare e/o Responsabile, delle informazioni allo stesso interessato del suo corredo di diritti esperibili in via di azione.

tanto negativamente incidono anche sull'immagine del Paese. In un dibattito confuso e frastornante, le ragioni di chi chiede di avere dati per garantire più sicurezza e più giustizia fiscale devono misurarsi ogni giorno con le obiezioni di chi si oppone, in nome del pericolo derivante dalla mancanza di protezioni adeguate. Un conflitto altrettanto problematico si registra, talvolta, nel settore dell'informazione. La libertà di informazione è sacrosanta e irrinunciabile in una democrazia. Ma non può essere invocata per considerare lecita la condotta di chi si procura informazioni illegalmente e con artifici inaccettabili. Troppo spesso il diritto ad informare e ad essere informati è invocato per giustificare chi, magari estraneo al mondo dell'informazione, raccoglie notizie e dati a scopo di ricatto o di condizionamento, sotto la minaccia di renderle pubbliche.

La nostra stessa Autorità rischia di essere strattonata da una parte o dall'altra a seconda delle convenienze".

Come possiamo notare, lo stesso Presidente invoca e sollecita le coscienze degli utenti verso una "presa di coscienza" mirata ad un uso più consapevole degli strumenti digitali, oltre che del doveroso obiettivo che hanno le Istituzioni di responsabilizzazione delle attività che si pianificano sull'asse *utente-provider*, dove la difficoltà di gestione della stessa Autorità garante si articola tra interventi repressivi, *"anche a rischio di apparire strumento di censura 'il Garante censore' "*, o *"insensibile alle ragioni della sicurezza e della giustizia fiscale 'il Garante ipergarantista', oppure rinunciare ad agire efficacemente, correndo il pericolo di essere percepito come una istituzione inutile e fragile"*. In contrasto a quest'ultima flebile scelta di rimanere inerme, però, si avverte una fiera e orgogliosa opposizione agli abusi delittuosi che si scontrano inevitabilmente verso vittime indifese e prive di armi, contro gli speculatori malavitosi, che ogni giorno infettano e spogliano la dignità e l'onore del cittadino. Questa scelta di opposizione è ben scandita dalle seguenti parole pronunciate dal Presidente, il quale ribadisce e rievoca ai singoli componenti dell'Autorità Garante la motivazione che spinge l'obbligo istituzionale:

"Dobbiamo ripeterlo: il nostro compito è tutelare e difendere il cittadino, i suoi diritti, la sua libertà, la sua necessità di vivere e di operare senza essere continuamente controllato e schedato".

3. L'identità: nozione e oggetto

3.1 L'identità secondo il pensiero comune

Incominciamo a valutare assieme la nozione di identità fornita da un comune dizionario:

> *"L'essere identico, perfetta uguaglianza: i. di due firme (...); i. piena, vera, totale, assoluta. Con accezioni partic.: a. In filosofia, principio d'i., o, più precisamente, principio d'i. e contraddizione, principio logico che, nella tradizione scolastica, asserisce l'identità di una cosa con sé stessa («A è A») ed esclude l'identità con altro («A non è non A»). (...) Di persona, l'essere appunto quello e non un altro: stabilire, provare l'i. di qualcuno, chi egli sia veramente; controllare l'i. di qualcuno, verificare che le sue generalità corrispondano veramente a quelle indicate in apposito documento (documento d'identità)"* [15].

Come possiamo notare, la nozione stessa di identità identifica l'autentica corrispondenza di un individuo, che con le sue generalità e fisionomia lo distinguono da un soggetto diverso. Sin dal periodo Aristotelico con la concezione identitaria si affermava che A=A e che non è possibile che A sia diverso da A. Si conviene, l'essenzialità che un soggetto possa rappresentarsi per quello che è avendo il proprio ruolo autentico come nella prassi delle attività quotidiane, con la propria personalità e originalità.

---

[15] Treccani.it – Enciclopedie online, Istituto dell'Enciclopedia Italiana, 15 marzo 2011

In filosofia il concetto di identità non consente ambiguità o confusione ed indica un insieme di qualità senza sfumature: una cosa è se stessa in quanto identica a se stessa, senza 'se' e senza 'ma'. L'identità di un individuo è dunque permanente e non negoziabile: l'identità non ammette alterazioni. Infatti io sono io se sono uguale a me stesso ed è possibile riconoscermi grazie a qualità personali che appartengono soltanto a me, e che quindi mi rendono un individuo unico e irripetibile, impossibile da confondere con altri.

Fin dalla antichità, quindi, il concetto di identità viene esaminato dalle menti più brillanti, alla ricerca della comprensione del suo reale significato: *Calderon de la Barca* si chiedeva se la vita fosse soltanto un sogno; *Cartesio* ne seguì i passi approdando poi alla sua personale e celeberrima intuizione del *cogito ergo sum* (penso dunque sono). Una formula con la quale esprime con certezza che un individuo che è in grado di pensare e di dubitare di ogni cosa, può dubitare anche di se stesso; ma ciò vuol dire che qualcuno dubita, e questo soggetto dubitante è proprio l'*io*. Anche *Shakespeare* sostenne che *siamo fatti della stessa sostanza dei sogni*, ovvero di un essenza, che è parte più profonda del nostro io, immutabile ed eterna, ad oggi considerata dai più come l'anima. E ancora l'autore italiano Pirandello esprime una crisi di identità in uno dei suoi scritti più celebri *Uno, nessuno e centomila*, insieme a tanti altri nomi dell'ambito letterario.

Oggi però, la globalizzazione ha permeato a tal punto la nostra società da far perdere all'uomo moderno la nozione di sé; ha perso dunque la propria identità. Il cambiamento tecnologico, ancor prima che economico e finanziario, ci ha portato ad un ritmo sempre più pressante, al punto che l'evoluzione naturale del singolo diventa sempre più precaria instabile ed in continua trasformazione: da un momento all'altro nulla è più vero rispetto al giorno precedente. Tutte le identità rischiano così di annullarsi, sovrapporsi, mescolarsi e, come nel nostro caso, essere facilmente sostituibili. L'identità rischia di diventare una semplice tessera di riconoscimento soggetta a continua smagnetizzazione o necessità di sostituzione, furto, clonazione, ecc.

Sorge così spontanea una semplice domanda: ha ancora senso parlare di identità, voler difendere la propria identità?

Certamente. Il diritto ha l'obiettivo e l'intento di garantire che un soggetto possa essere se stesso, e lo fa mettendo in atto strumenti in grado di fronteggiare gli abusi davanti ai quali l'uomo, inerme, come in una scena tragicomica vissuta nel teatro della propria vita, è vittima del suo stesso simile.

> *"Homo homini lupus".*
> De Cive, Thomas Hobbes

3.2 L'identità secondo il profilo giuridico

Il diritto all'identità personale ha trovato un primo riconoscimento nella dottrina italiana a partire dalla metà degli anni '70 *(Pret. Roma 6.5.1974, GI, I, 2, 514)* ed il suo riconoscimento ufficiale presso la Corte Suprema circa dieci anni dopo con il famoso *"Caso Veronesi" (Cass. 22.6.1985, n. 3769, FI, 1985, I, 2211).*

Il caso della metà degli anni '70 vedeva coinvolti un uomo ed una donna e il Comitato nazionale per il referendum sul divorzio. Nel dettaglio il ricorso verteva su un utilizzo improprio di un'immagine che ritraeva la coppia in un manifesto propagandistico a favore del referendum. La parte sosteneva che l'immagine fu riprodotta per un concorso fotografico di diversi anni addietro, rimanendo estranea a questo diverso utilizzo. Il giudice ordinario riconobbe piena tutela per l'utilizzo abusivo dell'immagine, sancito ai sensi dell'Art. 10 del c.c.. Costituisce quindi violazione del diritto all'immagine l'affissione di un manifesto per la propaganda a favore dell'abrogazione della legge sul divorzio, nel quale sia ritratta l'immagine di persone che avevano prestato il consenso alla pubblicazione della loro immagine molti anni addietro e per una utilizzazione con finalità diverse da quella perseguita con la pubblicazione e affissione del manifesto.

Il caso stesso presentava un'ulteriore violazione, che venne chiarita dal Pretore romano. Infatti l'immagine fu accostata a finalità politiche opposte alle opinioni personali della coppia, poiché portatori di un'idea favorevole, e quindi non opposta, al divorzio. A tutela di tali interessi è stata rilevata dal giudice una violazione del diritto all'identità personale, inteso quale diritto a non vedere travisare la propria personalità individuale - l'affissione di un manifesto per la propaganda a favore dell'abrogazione della legge sul divorzio nel quale sia ritratta l'immagine di persone che, pur essendo fautori dell'istituto del divorzio, vengano fatti apparire quali esponenti abrogazionisti.

"Costituisce violazione del diritto all'immagine l'affissione di un manifesto per la propaganda a favore dell'abrogazione della legge sul divorzio, nel quale sia ritratta l'immagine di persone che avevano prestato il consenso alla pubblicazione della loro immagine molti anni addietro e per una utilizzazione con finalità diverse da quella perseguita con la pubblicazione e affissione del manifesto. Costituisce violazione del diritto all'identità personale, inteso quale diritto a non vedere travisare la propria personalità individuale, l'affissione di un manifesto per la propaganda a favore dell'abrogazione della legge sul divorzio, nel quale sia ritratta l'immagine di persone che, pur essendo fautori dell'istituto del divorzio, vengano fatti apparire quali esponenti abrogazionisti. Nell'ipotesi di travisamento della personalità individuale può, con

26

provvedimento d'urgenza, ordinarsi la pubblicazione su organi di stampa, di un comunicato tendente a ristabilire la verità" [16].

In seguito alla vicenda, diversi furono gli appoggi che ha ricevuto il giudice che ha riconosciuto il diritto all'identità personale; tra questi cito:

> *"Il giudice ordinario non si è preoccupato molto di argomentare nel merito il fondamento giuridico dell'identità personale, piuttosto ha avuto premura di garantire in concreto interessi che seppur non espressamente disciplinati dal legislatore, potevano essere ritenuti meritevoli di tutela, analogamente a quei beni giuridici che identificano la persona come il nome, l'immagine, l'onore e la reputazione"* [17].

> *"Tuttavia, con le richiamate pronunce emesse dalla Pretura di Roma nel 1974, si è inaugurato sicuramente un filone giurisprudenziale che negli anni successivi verrà sempre più consolidato, enucleando, prima, e specificando, successivamente, oggetto e disciplina del diritto all'identità personale"* [18].

Un altro interessante riconoscimento ufficiale del diritto all'identità personale si è avuto grazie al famoso "caso Veronesi". Il noto Professore ed Oncologo Umberto Veronesi rilasciò un'intervista nella quale sosteneva la pericolosità del fumo in relazione alla comparsa di patologie oncologiche, proponendo un divieto di pubblicità delle sigarette ed un'educazione preventiva rivolta ai giovani. Durante questa intervista, sollecitato da una domanda della giornalista, il Professore parlò di alcune tipologie di sigarette meno nocive, ma

---

[16] Pretura di Roma, 6 maggio 1974, in *Foro Italiano*, 1974, I, 1806
[17] Pino G., *Il diritto all'identità personale. Interpretazione costituzionale e creatività giurisprudenziale*, Bologna, 2003 p. 67
[18] Pino G., *Il diritto all'identità personale. Interpretazione costituzionale e creatività giurisprudenziale*, Bologna, 2003 pp. 69 e ss.

sconsigliandone pur sempre il consumo. L'Austria Tabakwerke, famosa società produttrice di tabacco, utilizzò all'interno di una sua pubblicità l'affermazione del medico, chiaramente estrapolata dal contesto: "Secondo il prof. Umberto Veronesi – direttore dell'Istituto dei tumori di Milano – questo tipo di sigarette riducono quasi della metà il rischio del cancro". A seguito di tale pubblicità, sia Veronesi, sia l'Istituto dei tumori di Milano, ricorsero al Tribunale di Milano al fine di chiedere la tutela non solo dell'immagine e del nome del professore, ma anche del suo diritto alla c.d. identità personale.

Il caso fu affrontato in un primo momento dal Tribunale di Milano con la sentenza del 19 giugno 1980 e successivamente nel ricorso alla Corte d'appello di Milano con la sentenza del 2 novembre 1982. La tutela del diritto all'identità personale venne riconosciuta grazie all'interpretazione estensiva del diritto al nome ex Artt. 6 e 7 c.c.:

> "Secondo un primo significato di immediata percezione interpretativa è fatto lesivo per l'uso indebito del nome altrui l'uso posto in essere da chi non ha diritto a quel nome per confondersi con chi ne ha diritto con il risultato di imputare a quest'ultimo comportamenti o affermazioni che non lo riguardano: circostanza questa pregiudizievole per ciò solo che inquina – per così dire – i dati oggettivi sulla base dei quali si forma la rappresentazione esterna della personalità di un soggetto. (…). Sembra superfluo a questo riguardo disquisire sulla distinzione fra tutela dei diritti della personalità e tutela del diritto al nome, dato che – comunque – la salvaguardia dell'identità personale, rispetto alla quale il nome come segno di identificazione svolge una funzione strumentale, attiene pur sempre alla personalità come insieme di elementi che

concorrono a formare l'immagine che una persona offre di sé alla collettività" [19].

Questo contributo giurisprudenziale rappresenta la genesi della tutela del diritto all'identità personale, grazie al quale si affermò come il diritto al nome fosse *"simbolo dell'intera personalità dell'individuo morale, intellettuale e sociale"*, il cui uso diviene illecito dal momento in cui incide negativamente sulla personalità dell'offeso. La vicenda del caso Veronesi si è conclusa con la sentenza della Corte di Cassazione 22 giugno 1985, n. 3769, la quale ha apportato una prima definizione del diritto all'identità personale. La Cassazione ha specificato il preciso fondamento del concetto di identità personale, distinguendolo dalle fattispecie di diritto al nome e all'immagine, configurandolo come un preciso ed autonomo diritto che dovrebbe essere garantito dalla Costituzione.

Ad oggi la nozione giuridica dell'identità personale risulta essere la seguente:

> *"Proiezione sociale della complessiva personalità dell'individuo, alla base del quale si colloca l'interesse del soggetto ad essere rappresentato – nella vita di relazione – con la sua vera identità e, cioè, a non vedere modificato, offuscato o, comunque, alterato all'esterno il proprio patrimonio intellettuale, ideologico, politico, etico, religioso, professionale ecc., come già estrinsecatosi (o destinato comunque ad estrinsecarsi) nell'ambiente sociale e, ciò, secondo indici di previsione costituiti da circostanze obiettive ed univoche"* [20].

---

[19] Tribunale di Milano, 19 giugno 1980
[20] Cass., 7.2.1996, n. 978, in Corr. giur., 1996, 3, 264

4. Cybercrime: condotta criminosa e tecniche informatiche

In questo nuovo capitolo cominciamo ad addentrarci in un argomento interessante, che ci aiuterà ad osservare più da vicino le tipologie di tecniche informatiche più note per il furto digitale di dati personali. Come avevamo accennato nell'introduzione, il furto che oggi il più delle volte avviene sul *web* deriva da una versione del tutto '*analogica*', già in uso fin dalla notte dei tempi. Esso stesso rappresenta solo l'evoluzione in un "furto 2.0", con la caratteristica di poter rimanere nell'anonimato e di compiere l'illecito comodamente seduti sulla poltrona di casa anche a centinaia di chilometri di distanza. Ad oggi le tecniche esistenti sono molteplici, ognuna delle quali asserve ad operazioni specifiche. In questo studio, non potendo prenderle in considerazione tutte, ci limiteremo ad approfondire solo alcune di esse.

L'illecito di furto di identità si compie con più frequenza sui *social network* o in larga parte tramite *e-mail* con la tecnica denominata *phishing*. Quest'ultima si verifica quando un'informazione relativa ad una persona o un'azienda viene prelevata in modo fraudolento per sostituirsi ad essa e compiere ulteriori illeciti. A tutti gli effetti chi compie il reato ha come intento primario quello di rubare più identità possibili per trarne il maggior beneficio economico o per compiere ulteriori reati[21]. Il phishing è una truffa informatica che generalmente abbiamo incontrato tutti almeno una volta nella vita ricevendo un'email o un sms con l'intestazione di un istituto di credito, anche diversi da quelli di cui siamo clienti, che presentano un messaggio allarmistico sull'utilizzo improprio del conto corrente, o con comunicazioni di avvertimento e determinati lassi di tempo da rispettare pena il blocco del proprio conto. Queste mail invitano l'utente a cliccare su un link e ad effettuare il login con le proprie credenziali di accesso

---

[21] https://maxvalle.it/social-network-approfondimenti-normativi/

per risolvere rapidamente la problematica. Il rischio per i propri dati personali si cela in quel link. Infatti, una volta cliccato, può: rinviare ad un *url vuoto, rotto* oppure *diverso da quello che ci si aspetta*; farci approdare su un sito *clone* di quello dell'istituto bancario *(pharming)*; scaricare sul nostro computer o smartphone un *virus*[22], *malware*[23], *ransomware*[24], *cryptolocker*[25], *keylogger*[26], *rootkit*[27], *spyware*[28], *trojan*[29], *miner*[30], *exe*[31] o *apk*[32]. All'interno di queste tecniche nascoste dietro al click sul link troviamo già altri tipi di modalità per il furto dell'identità digitale.

Il *vishing* e il *phaxing* sono alternative al phishing che sfruttano al posto del link un numero di telefono al quale è collegata una falsa segreteria telefonica o un numero di fax a cui inviare un modulo con i propri dati personali.

---

[22] Un virus informatico è un programma o una sezione di codice caricato nel computer senza che il proprietario ne sia a conoscenza o lo abbia autorizzato. Alcuni virus causano solo fastidi, mentre la maggior parte è dannosa e ideata per infettare e prendere il controllo dei sistemi vulnerabili. Un virus può diffondersi in molti computer e reti duplicandosi come un virus biologico che passa da persona a persona.

[23] Per malware (contrazione dell'inglese "malicious software", ossia software dannoso) si intende qualsiasi tipo di software dannoso o fonte di disturbo, creato per accedere segretamente a un dispositivo senza che l'utente ne sia a conoscenza.

[24] I ransomware (chiamati anche rogueware o scareware) limitano l'accesso al sistema informatico di un utente e richiedono il pagamento di un riscatto per rimuovere il blocco.

[25] Uno specifico tipo di ransomware, comparso nel 2013 e perfezionato nel 2017; ha colpito numerosi computer negli ultimi anni causando danni per milioni di dollari.

[26] I keylogger sono software in grado di registrare tutto ciò che viene digitato con la tastiera. Il programma provvede quindi a inviare il file di log a un server specifico, in cui i ladri potranno leggere ogni informazione digitata, incluse password, numeri della carta di credito, messaggi delle chat, mail, indirizzi email, URL di siti web, ecc.

[27] Un rootkit è un programma progettato per fornire agli hacker accesso come amministratore a un computer senza che l'utente ne sia consapevole.

[28] Gli spyware rappresentano un tipo di malware difficile da rilevare. Raccolgono informazioni sulle abitudini di navigazione, sulla cronologia dei siti visitati e di natura personale (come i numeri delle carte di credito), utilizzando spesso Internet per trasferire le informazioni a terze parti senza che l'utente ne sia a conoscenza.

[29] Un trojan è un tipo di virus che cerca di passare per una risorsa utile, sicura o di intrattenimento mentre tenta di causare danni o rubare dati. I trojan vengono spesso diffusi negli allegati di mail infette o in download nascosti in videogiochi, applicazioni, film o cartoline di auguri.

[30] I miner sono malware silenziosi che infettano il pc e lo fanno lavorare al massimo per produrre criptovalute come i bitcoin all'insaputa del proprietario. Nel 2017 hanno colpito 2,7 milioni di utenti.

[31] L'estensione EXE identifica, nei sistemi operativi MS-DOS, OS/2 e Windows, un file che contiene codice eseguibile, cioè un programma o un driver di dispositivo.

[32] L'estensione APK indica un file Android Package. Questo formato di file, una variante del formato .JAR, è utilizzato per la distribuzione e l'installazione di componenti in dotazione sulla piattaforma per dispositivi mobili Android.

Lo *sniffing* è l'intercettazione passiva dei dati personali attraverso programmi cosiddetti *sniffer*, che di solito registrano il traffico in entrata ed in uscita del computer connesso in rete. Non tutti gli sniffer sono dannosi. Difatti nascono per aiutare l'utente a mantenere le prestazioni del computer ottimali. Gli hacker utilizzano gli sniffer per sottrarre dati, spiare le attività in rete e raccogliere informazioni personali degli utenti. Tramite gli sniffer è possibile impersonificare un dispositivo sulla rete dando così al malintenzionato virtuale la possibilità di effettuare un attacco di *spoofing*[33] e impadronirsi di dati, diffondere malware, o superare controlli di accesso.

Il *cracking* è un processo che permette di bypassare le protezioni informatiche di un computer al fine di accedere all'account di un utente o craccare la rete wifi, intercettare tutto il suo traffico per rubare numeri di carte di credito, diffondere virus, distruggere file, effettuare attacchi informatici *man in the middle*[34], o raccogliere dati personali da rivendere.

Una *botnet*, detta anche rete di bot o armata zombie è una rete di numerosi computer dirottati da un malware per inviare in grandi proporzioni *spam*, *virus*, *rubare dati personali* o *lanciare attacchi di DDoS*[35]. Questa è considerata ad oggi una delle principali minacce globali del *web*.

---

[33] Proprio come i truffatori del mondo reale, i ladri online usano l'impersonificazione come mezzo per rubare informazioni importanti o accedere a conti bancari. Tale pratica è definita spoofing, termine usato in vari composti, come spoofing dell'indirizzo IP (invio di messaggi a un pc usando un indirizzo IP che simula l'invio da una fonte attendibile), spoofing di mail (modifica dell'intestazione di una mail per farla sembrare proveniente da qualcuno o qualcosa di diverso dalla fonte effettiva) e spoofing del DNS (modifica del server DNS al fine di dirottare un nome di dominio specifico verso un indirizzo IP diverso).

[34] Come il nome stesso suggerisce, si tratta di un attacco in cui un hacker (o un tool malevolo) si introduce tra vittima e server (per esempio, un server di una banca online o di posta elettronica), generalmente per intercettare un pagamento e dirottarlo sul proprio conto corrente.

[35] Gli attacchi DDoS cercano di disattivare singoli siti web o intere reti sommergendoli di traffico causato da migliaia di computer infettati, noti collettivamente come botnet. I siti bancari, i siti di informazione e anche i siti governativi rappresentano i bersagli principali degli attacchi DDoS, causando un'interruzione nel servizio fornito. Dato che sia l'obiettivo dell'attacco sia i computer utilizzati per lo stesso sono entrambi vittime, i singoli utenti diventano danni collaterali dell'attacco, vedendo i propri PC rallentati o bloccati a causa del lavoro che devono svolgere per gli hacker.

Citiamo dal sito del *Centro Europeo Consumatori Italia*:

> *"Un crescente numero di utenti, sta fornendo un'elevata quantità di dati personali a blog, siti chat, social networks (...) Facebook e questo ha attratto molto l'attenzione di hacker e malintenzionati. Sia i motori di ricerca che i social network sono da considerarsi un sistema di equazioni per poter risolvere le variabili mancanti: basta conoscere alcuni dati per poter trarne di nuovi. Quando immettiamo i nostri dati in un social network, ad esempio nome, luogo e data di nascita, questi dati sono sufficienti per trarne il codice fiscale e il codice fiscale è sufficiente a sua volta per ottenere altre informazioni. I dati personali infatti hanno un mercato vastissimo e milionario: con essi si fabbricano documenti falsi, transazioni allo scopo di riciclaggio di denaro sporco, intestazioni di false polizze assicurative, contratti di finanziamento e così via. Ma vi è di più, sta infatti avanzando la problematica, soprattutto tra i più giovani, legata al furto d'identità non inteso in senso strettamente economico, ma attuato attraverso l'appropriazione indebita di profili di social network utilizzati ad esempio, per ledere l'immagine o la professionalità di terzi".*

Ultimamente è sempre più in crescita tra i giovani il fenomeno sopra indicato legato all'uso improprio dei profili dei *social network* o *e-mail*. A scopo meramente goliardico ci si sostituisce ad un amico o conoscente scherzosamente o per diversi scopi. Questa attività però rappresenta una fattispecie criminosa in quanto integra il reato si sostituzione di persona, disciplinato dall'Art. 494 del Codice Penale, di cui parleremo più dettagliatamente nel capitolo dedicato.

Tra queste tecniche propriamente utilizzate per fini illeciti, voglio contraddistinguere l'appropriazione indebita dei dati personali causata da comportamenti inconsapevoli dei privati o dei professionisti che nella vita di tutti i giorni possono impropriamente acquisire informazioni riservate.

Nella mia esperienza lavorativa di affari generali legata al nuovo regolamento europeo 679/2016 chiamato *General Data Protection Regulation* ho potuto constatare mediamente una scarsa formazione degli artigiani e professionisti in merito al reperimento dei dati personali, ricavati direttamente dalla clientela o dai fornitori. Ad esempio la mancanza di informative riguardo al trattamento dei dati personali o mancanza espressa prestazione del consenso scritto di un determinato trattamento sui siti e nei moduli cartacei. Questa esperienza lavorativa realizzata in concomitanza ai miei studi giuridici mi ha dato l'ispirazione nell'approfondire l'argomento trattandolo in questa tesi di laurea.

Come abbiamo potuto riscontrare esistono quindi innumerevoli tecniche per realizzare un furto dell'identità personale, intenzionalmente o meno. La presente trattazione però non ha l'obiettivo di essere esauriente su tale argomento, quanto quello di fornire una prima indicazione sui rischi a cui quotidianamente siamo esposti.

Col prossimo capitolo analizzeremo meglio l'oggetto della tutela, cioè il bene giuridico che il legislatore vuole difendere, cercando di addentrarci nelle motivazioni che hanno spinto lo stesso nell'aver attuato le scelte legislative che ad oggi possono sembrare agli scettici scarne ed inadeguate, ma che come vedremo appagano ed assicurano il bisogno di tutela, tramite un connubio originale tra *Codice Penale*, *Codice Privacy* e *GDPR*.

5. Furto dell'identità digitale: quale bene giuridico?

Incominciamo a rispondere e valutare nel dettaglio l'aspetto tutelativo che entra in gioco quando si realizza l'illecito del furto di identità digitale, reato che come abbiamo già accennato in precedenza ha una natura plurioffensiva. In questo capitolo intraprenderemo una distinzione tenendo conto dei soggetti che vengono offesi dal delitto. In *primis* del soggetto che viene defraudato dei suoi connotati che gli permettono di identificarsi come individuo e che gli permettono di diversificarsi da tutti gli altri; bene giuridico ricondotto nell'*interesse del soggetto ad essere rappresentato con la sua vera identità* (c.d. *fede privata*) con il diritto della tutela del nome, dell'immagine o dell'onore.

In *secundis* terremo in considerazione la tutela della restante platea di utenti che ha confidato erroneamente di interloquire con il soggetto rappresentato. In questo caso parleremo della lesione della c.d. *fede pubblica*.

L'Art. 494 del c.p. è una norma che sviluppa il suo contenuto attorno alla tutela del bene giuridico della fede pubblica. Questa lesione di interesse giustifica la motivazione della *procedibilità d'ufficio*, a cui la stessa norma fa implicitamente riferimento; l'azione penale si innesca doverosamente nel momento in cui giunge la notizia di reato. Ma come abbiamo già descritto in precedenza riguardo alla stessa peculiarità del reato in questione, la sua commissione genera la lesione del diritto della personalità di un individuo al quale il soggetto malintenzionato si sostituisce, spogliandolo dei suoi connotati, cagionandogli un danno morale oltreché quello potenziale di danno fisico a carattere patrimoniale.

Leggiamo insieme la seguente citazione, che descrive come avviene la comunicazione telematica nelle piattaforme dei *social network*, per poi addentrarci nella tematica delle attività di falsificazioni:

> *"In breve i social network sono servizi della società dell'informazione ai sensi della dell'art. 1, par. 2, Dir. 98/48/CE. Il servizio avviene mediante trasmissione di dati su richiesta individuale, ma ogni utente crea degli spazi virtuali, delle reti sociali alle quali tutti possono accedere a prescindere dal numero di contatti, follower o cosiddetti "amici". Si interagisce proprio come nella vita reale si fa uso del vis-à-vis, del passaparola, della posta e del telefono"* [36].

La Suprema Corte si è espressa a più riprese sulle attività di falsificazioni virtuali, concludendo che *la condotta di colui che crea e utilizza un account di posta elettronica, attribuendosi falsamente le generalità di un diverso soggetto, inducendo in errore gli utenti della Rete con lo scopo di arrecare un danno al soggetto le cui generalità siano state abusivamente spese, integra il reato di cui all'Art. 494 c.p.* [37]. Oggetto della tutela penale è perciò l'interesse riguardante la pubblica fede *in quanto questa può essere sorpresa da inganni relativi alla vera essenza di una persona o alla sua identità o ai suoi attributi sociali. Si tratta di inganni che possono superare la ristretta cerchia d'un determinato destinatario, così come il legislatore ha ravvisato in essi una costante insidia alla fede pubblica e non soltanto alla fede privata e alla tutela civilistica del diritto al nome.*

---

[36] Cipolla, *Social network, furto di identità e reati contro il patrimonio*, in Giur. di Merito, fasc. 12, 2012, 2672.
[37] Cass. pen., sez. V, 8.11.2007, n. 46674, dep. 14.12.2007.

"Così come integra il reato la condotta di colui che si attribuisca un falso nome in modo da poter avviare una corrispondenza con soggetti che, altrimenti, non gli avrebbero concesso la loro amicizia e confidenza" [38].

Come sappiamo il reato di furto è molto spesso accompagnato da un reato accessorio, il quale risulta essere più grave di quello in oggetto: il *reato di diffamazione aggravata*. A questa casistica il Tribunale di Trento in una pronuncia solenne del 2014 ha sostenuto che *la condotta di chi crea un falso profilo Facebook della fidanzata per poi divulgare online le sue foto intime integri anche il reato di diffamazione aggravata in quanto ne lede la reputazione agli occhi di persone che non avrebbero dovuto essere i destinatari di quegli scatti* [39].

È chiaro che tutte queste condotte ledono la fede pubblica, così come interpretata dalla Corte di Cassazione a Sezioni Unite che ha affermato che:

"ai delitti contro la fede pubblica deve riconoscersi, oltre ad un'offesa alla fiducia che la collettività ripone in determinati atti, simboli, documenti, etc. anche una ulteriore e potenziale attitudine offensiva, che può rivelarsi poi concreta in presenza di determinati presupposti, avuto riguardo alla reale e diretta incidenza del falso sulla sfera giuridica di un soggetto" [40].

Le conseguenze dell'atto dal quale viene generato l'effetto pregiudizievole devono necessariamente essere arrestate onde evitare un effetto che si espande a macchia d'olio su una pluralità indistinta di individui.

---

[38] Cass. pen., sez. V, 27.9.2006, n. 36094, dep. 31.10.2006.
[39] Trib. Trento 29.4.2014, n. 369.
[40] Cass., SS. UU., 25.10.2007, n. 46982

Inoltre per la Corte di Cassazione, l'oggetto della tutela è *"l'interesse riguardante la pubblica fede, in quanto questa può essere sorpresa da inganni relativi alla vera essenza di una persona o alla sua identità o ai suoi attributi sociali. E siccome si tratta di inganni che possono superare la ristretta cerchia d'un determinato destinatario, così il legislatore ha ravvisato in essi una costante insidia alla fede pubblica e non soltanto alla fede privata e alla tutela civilistica del diritto al nome"* [41].

"In ogni caso è configurabile anche il tentativo, considerando che l'evento è quello dell'induzione in errore della vittima e pertanto gli atti idonei e non equivoci devono essere diretti alla realizzazione dello stesso" [42].

Ma per la giurisprudenza basta a integrare il reato anche soltanto *utilizzare per il proprio profilo Facebook la foto di un'altra persona realmente esistente*[43], inoltre anche solo un nickname o un account falso di un personaggio pubblico hanno natura di "contrassegno identificativo"[44] potendo condurre all'accertamento di una responsabilità penale.

---

[41] Cass. pen., sez. V, 14.12.2007, n. 46674.
[42] Cass. pen., sez. V, 6.11.2015, n. 8278.
[43] Così Cass. pen., sez. V, 30.1.2018, n. 4413 che ha confermato la sentenza di patteggiamento che aveva applicato la pena di 15 giorni di reclusione, convertita in € 3.750 di multa, per l'utente che aveva usato la foto profilo Facebook di un'altra persona.
[44] Cass. pen., sez. V, 28.11.2012, n. 18826

6. La disciplina penale specifica sulla privacy

6.1 Codice Privacy

Nella Terza Parte del *Codice in materia di protezione dei dati personali d.lgs 30 giugno del 2006* c.d. Codice Privacy denominata *"Tutela dell'interessato e delle sanzioni"*, Titolo III, al Capo II rubricato *"illeciti penali"* il legislatore disciplina dagli Artt.167 e ss. alcune fattispecie delittuose, munite di sanzione con la reclusione.

In merito allo studio in questione un primo accenno sull'appropriazione indebita del dato personale è fornito dall'Art. 167-ter intitolato *"Acquisizione fraudolenta di dati personali oggetto di trattamento su larga scala":*

> *"Salvo che il fatto costituisca più grave reato, chiunque, al fine trarne profitto per sé o altri ovvero di arrecare danno, acquisisce con mezzi fraudolenti un archivio automatizzato o una parte sostanziale di esso contenente dati personali oggetto di trattamento su larga scala è punito con la reclusione da uno a quattro anni. (...)"* [45].

Il dispositivo precisa l'esistenza di alcuni elementi essenziali della condotta dell'agente: al fine *trarne profitto per sè o altri* ovvero di *arrecare danno*, che attraverso *mezzi fraudolenti* acquisisce interamente o parzialmente un archivio automatizzato contenente al suo interno *dati personali oggetto di trattamento su larga scala*. È quindi evidente che per integrare la sussistenza dell'illecito descritto nel suddetto articolo, il trattamento debba essere inteso su *larga scala* e non come semplice appropriazione indebita di un dato personale. Quindi un

---

[45] D.lgs 30 giugno 2006 n.196, Art.167 - ter

reato che non integra l'esternarsi della condotta su larga scala, cioè che non riguarda un determinato numero di soggetti interessati al trattamento (tenendo conto ad esempio di una percentuale di popolazione, portata geografica, frequenza dell'attività del trattamento, oltre che del relativo tipo di dato personale, ovvero sensibile che verrà preso in considerazione) non ricade nella disciplina dell'Art. 167-ter.

Come abbiamo potuto notare la norma qui richiamata rappresenta una particolare disciplina che richiede necessariamente una modalità della condotta che si *"esterna"* e coinvolga, non in maniera limitata, nella portata offensiva; cosicchè un coinvolgimento sufficientemente limitato che interessi una singola vittima, non rientra nella descrizione tipica richiesta invece dal legislatore.

Risulta dunque essenziale inquadrare quest'ultima casistica, prendendo in considerazione il Codice Penale dell'ordinamento italiano, il quale disciplina puntualmente un fatto tipico che diversamente non avrebbe la doverosa tutela.

6.2 La tutela della privacy nella parte speciale del codice penale

6.2.1 Reato di sostituzione di persona Art. 494 c.p.

In questo capitolo analizzeremo più da vicino la norma penale, cercando di valutare tutti gli elementi rilevanti per lo studio della fattispecie criminosa della condotta dell'agente e della sua *ratio legis*. L'Art. 494 del Codice Rocco contenuto nel Libro secondo rubricato *"Dei delitti in particolare"* al Titolo VII intitolato a sua volta *"Dei delitti contro la fede pubblica"*, al Capo IV - *"Della falsità personale"*, esordisce:

> *"Chiunque, al fine di procurare a sé o ad altri un vantaggio o di arrecare ad altri un danno, induce taluno in errore, sostituendo la*

propria all'altrui persona, o attribuendo a sé o ad altri un falso
nome, o un falso stato, ovvero una qualità a cui la legge attribuisce
effetti giuridici, è punito, se il fatto non costituisce un altro delitto
contro la fede pubblica, con la reclusione fino a un anno".

In un primo momento ritengo necessario contraddistinguere, grazie agli interventi dottrinali, due tipologie di *falsificazioni*; la prima è la *sostituzione in toto all'altrui persona,* la seconda la definirei come *sostituzione "parziale" nel nome, falso stato* o in *qualità inesistenti.*

Il reato è configurato nella c.d. *condotta vincolata commissiva,* non potendosi realizzare nella forma omissiva; si viene puniti dalla legge solo nella condotta descritta espressamente dalla *fattispecie astratta,* non in qualunque modo, ma solamente nella forma presa in considerazione dal legislatore.

Come possiamo notare già dalla prima parola, si identifica una peculiarità che non deve essere lasciata senza considerazione: il *"chiunque"* rivela la portata della condotta a prescindere delle qualità personali del *soggetto attivo* artefice del delitto; di conseguenza ogni tipo di persona può realizzare siffatto disegno criminoso, non richiedendo il dispositivo particolari qualità intrinseche ed esterne di chi agisce.

La causa diretta perseguita dall'agente, il quale costituisce il movente della fattispecie si identifica nella frase "al fine di *procurare a sé* o ad *altri* un *vantaggio* o di *arrecare ad altri un danno".* Il concetto di "vantaggio" e "danno" non si consumano meramente nel significato di natura economica e nemmeno viene richiesto che siano ingiusti. Infatti può integrarsi la fattispecie in esame anche qualora l'impegno sia diretto a realizzare uno scopo lecito.

Quindi, per quanto attiene all'elemento soggettivo, esso è rappresentato dal *dolo specifico: al fine di procurare a sé o ad altri un vantaggio, oppure di recare ad altri un danno.*

Come possiamo ricavare facilmente dalla norma la condotta di chi mette in atto il raggiro consiste nell'*indurre qualcuno in errore sostituendosi illegittimamente ad altra persona,* oppure attribuendosi un falso nome o un falso stato, ovvero una qualità a cui la legge attribuisce effetti giuridici. La sostituzione, invece, è l'atteggiamento che il soggetto assume nel far apparire se stesso simile ad un'altra persona. La sostituzione nell'altrui persona rappresenta sempre un atto illegittimo, in quanto è intrinseco nella stessa.

> *"L'induzione in errore in questi casi si realizza con lo scambio di messaggi, like, inviti, in generale con l'interazione con gli altri utenti. Il nickname infatti se da un lato attribuisce sicuramente un'identità sicuramente virtuale, destinata a valere nello spazio telematico del web, ha comunque una dimensione concreta, idonea a produrre effetti reali nella sfera giuridica altrui. Se è lecito per un utente avere diverse identità virtuali online, non è ammesso invece sostituirsi ad altre persone, sfruttando questa condizione di alterità per ingannare altri utenti delle rete con i quali entra in contatto per danneggiarli e/o procurarsi un vantaggio"* [46].

Illuminante è l'apporto giurisprudenziale che ulteriormente chiarisce il *tentativo di reato di sostituzione di persona:*

---

[46] Cadoppi, Canestrari, Manna, Papa, *Cybercrime*, Milano, UTET Giuridica, 2019.

"L'induzione in errore è elemento costitutivo del reato di sostituzione di persona, sicché, in mancanza di essa, può configurarsi il tentativo" [47].

"Il delitto di sostituzione di persona è configurabile nella forma del tentativo, che sussiste quando l'agente abbia usato uno dei mezzi fraudolenti indicati nell'art. 494 c.p. senza riuscire ad indurre in errore taluno" [48].

Inoltre, l'attribuzione "a sé o ad altri un *falso nome,* o un *falso stato,* ovvero una *qualità* (...)" necessita di un approfondimento sistematico.

Al significato di *falso nome* la dottrina riconduce non solamente il nome o il cognome, quanto l'elevarsi ad un'identità diversa dalla propria. Non è necessario che l'identità che ci si attribuisce sia quella di altri, potendo essere immaginaria. Inoltre il *nickname* (pseudonimo) se assume i caratteri espressi di cui all'Art. 9 dei Codice Civile, trova tutela penale se oggetto del reato di usurpazione.

Al significato di *falso stato* ci si riferisce alle *condizioni personali* che attengono al rapporto della persona con la società, esempio: *cittadinanza,* la *capacità di agire,* lo *stato libero* o *coniugale,* la *parentela,* etc. Non rientrano nel significato l'*età,* la *residenza* e il *domicilio.*

All'attribuzione di *qualità,* invece sono rilevanti tutte quelle a cui la legge riconduce i c.d. *effetti giuridici:* ovvero la *nascita* e la *modificazione* o l'*estinzione* di un rapporto giuridico come conseguenza che scaturisce a seguito di un fatto.

---

[47] Cass. pen., sez. V, 29.09.2010, n. 35091
[48] Cass. pen., sez. V, 06.03.2009, n. 10362

Essendo chiare e univoche le prime due modalità di svolgimento della condotta, è conveniente specificare che per *"attribuzione a sé o ad altri di un falso stato"* va intesa la condizione della persona all'interno della società civile, politica, amministrativa. Invece con *"l'attribuzione di una qualità cui la legge conferisce effetti giuridici"* il legislatore ha inteso delle qualità non solo giuridicamente rilevanti in astratto, bensì che abbiano anche attuale e specifica efficacia giuridica nell'ambito del rapporto ingannatorio in questione.

Concludendo, *"è punito, se il fatto non costituisce un altro delitto contro la fede pubblica, con la reclusione fino ad un anno"*. Il dispositivo fornisce al suo interno anche una *clausola di sussidiarietà espressa*, che opera solo se in presenza di altri delitti contro la fede pubblica, introducendoci al più ampio *concorso apparente di norme*, che in tal caso è il reato di truffa ex Art. 640 *ter* c.p. di cui parleremo tra un attimo.

6.2.2 La frode informatica sul "modello" della truffa Art. 640 c.p.

Il brocardo *"falsitas est dolosa veritatis immutatio in praeiudicium alterius"*, che tradotto significa *la falsità è un'intenzionale alterazione della verità in pregiudizio di altri*, racchiude e sintetizza al meglio il significato della gravità della condotta assunta da un soggetto malintenzionato che con le sue abilità agisce spingendo in errore la vittima, portandola a credere di rapportarsi con un soggetto diverso; il cui fine non rimane però speso in questo primo momento, in quanto invece è quello di ottenere un *guadagno illecito*.

Come abbiamo precedentemente affermato riguardo al delitto punito dall'Art. 494, la fattispecie concreta di siffatto articolo ha lo scopo di asservire ad un più ampio disegno criminoso. Motivo per il quale esso può eventualmente concorrere con quello di reato di truffa, disciplinato dall'Art. 640 *ter* c.p. quando l'induzione in errore, attraverso la sostituzione di persona, sia servita a conseguire un profitto con altrui danno.

Cominciamo ad esaminare assieme l'Art. 640 c.p. contenuto sempre nel Libro secondo nel Titolo XIII al Capo II rubricato *Dei delitti contro il patrimonio mediante frode* che ci introduce al reato di truffa e getta le basi per poter parlare in maniera esauriente e con cognizione di causa del 640 ter.
Leggiamo insieme l'articolo in questione, al comma 1:

> *"Chiunque, con artifizi o raggiri, inducendo taluno in errore, procura a sé o ad altri un ingiusto profitto con altrui danno, è punito con la reclusione da sei mesi a tre anni e con la multa da cinquantuno euro a milletrentadue euro".*

Il reato in questione delinea un *reato in contratto,* caratterizzato dal comportamento illecito manifestato nel corso della formazione di un accordo contrattuale, anche quando il dolo si manifesti solo all'interno del momento esecutivo del negozio giuridico.

Per quanto riguarda l'elemento soggettivo, il reato di truffa è punibile a titolo di dolo generico, non tenendo conto degli scopi perseguiti dal soggetto agente.

Nel parlare di *artifizi* o *raggiri* si deve ricordare che la dottrina giuridica è favorevole ad un'interpretazione estensiva della norma, attribuendo ai due termini in questione un significato quasi onnicomprensivo, inglobando al suo interno qualsiasi azione di simulazione, dissimulazione, subdoli espedienti che possano indurre taluno in errore. Rientra tra questi anche il silenzio o l'omissione, rilevanti se costituiscono violazione di specifico obbligo di comunicazione o di azione. Per *artifizio* va intesa la simulazione o la dissimulazione della realtà, in modo da indurre in errore la vittima. Invece per *raggiro* ogni genere di attività con lo scopo di trarre in errore e far scambiare alla vittima il falso dal vero.

La giurisprudenza è concorde a ritenere che sia necessaria una concreta idoneità dei mezzi utilizzati per indurre in errore la vittima, valutando caso per caso la fattispecie in esame, tenendo in considerazione la modalità di esecuzione del reato, la situazione psichica della vittima nonché quella intellettuale. Al fine di integrare il reato di truffa in questione, l'induzione in errore e il conseguente danno devono essere *strettamente connessi* tra loro. Ad ogni modo, se è vero che il danno sarà sempre di carattere patrimoniale in termini di *lucro cessante* e *danno emergente*, il profitto (*ingiusto*) potrà avere anche il carattere di natura morale o affettiva rapportato alla vittima, motivato da un desiderio vendicativo o di ripicca. La maggior parte della dottrina è concorde nel ritenere che dall'induzione all'errore derivi l'*atto di disposizione patrimoniale* posto in essere dal soggetto passivo. Questo non è esplicitato nella norma, ma sarebbe insito nel più ampio significato di reato di truffa. Infatti, questo reato *"è il tipico delitto che si realizza attraverso una cooperazione artificiosa della vittima, in quanto la condotta consiste in una particolare forma di aggressione al patrimonio altrui realizzata attraverso l'inganno, che induce la vittima a concorrere alla produzione dello stesso, in ragione dell'errore derivante dall'azione perpetrata dal reo"* [49].
Quindi l'atto di disposizione patrimoniale rappresenterebbe un *elemento costitutivo del reato*, in mancanza del quale decade la sussistenza del delitto.

Il dispositivo all'Art. 640 c.p. ha come tutela in oggetto il *patrimonio* e la *libera manifestazione del consenso* del soggetto che viene raggirato. A questo punto è necessario soffermarci più nello specifico sul tema della *punibilità*.

---

[49] Dal sito www.altalex.com

La punibilità non deriva unicamente dalla lesione alla sfera patrimoniale del singolo, disciplinato precisamente nella *materia dei contratti*, ma anche dalla lesione dell'interesse pubblicistico costruito sui principi di lealtà, correttezza e libertà di scelta tra contraenti. Sottolineiamo che per la consumazione del reato è fondamentale che dalla condotta risulti un'effettiva lesione del patrimonio altrui, dalla quale derivi un ingiusto profitto.

6.2.3 La condotta criminosa della "frode informatica" Art. 640 *ter* c.p.

In questo capitolo studieremo altresì la condotta di frode nell'ambito informatico disciplinata dalla scienza penale all'interno del dispositivo ex Art. 640 *ter*, il quale stabilisce che:

> *"Chiunque, alterando in qualsiasi modo il funzionamento di un sistema informatico o telematico o intervenendo senza diritto con qualsiasi modalità su dati, informazioni o programmi contenuti in un sistema informatico o telematico o ad esso pertinenti, procura a sé o ad altri un ingiusto profitto con altrui danno, è punito con la reclusione da sei mesi a tre anni e con la multa da cinquantuno euro a milletrentadue euro".*

> *"La pena è della reclusione da uno a cinque anni e della multa da trecentonove euro a millecinquecentoquarantanove euro se ricorre una delle circostanze previste dal numero del secondo comma dell'Articolo 640, ovvero se il fatto è commesso con abuso della qualità di operatore del sistema"*

"La pena è della reclusione da due a sei anni e della multa da euro 600 a euro 3.000 se il fatto è commesso con furto o indebito utilizzo dell'identità digitale in danno di uno o più soggetti".

"Il delitto è punibile a querela della persona offesa, salvo che ricorra taluna delle circostanze di cui al secondo e terzo comma o taluna delle circostanze previste dall'Articolo 61, primo comma, numero 5, limitatamente all'aver approfittato di circostanze di persona, anche in riferimento all'età, e numero 7."

Ad una prima lettura possiamo chiaramente notare che tale norma richiama quanto disposto in materia di truffa ex. Art. 640, avendo preso in prestito alcuni contenuti per adattarli ad un nuovo contesto. Questo articolo è stato introdotto dall'Art. 10, della l. 23 dicembre 1993, n. 547, che ha innovato il codice penalistico introducendo il reato di truffa avente luogo negli spazi informatici. Esso assume un ruolo che si specifica dal più ampio reato generale di truffa. La norma in oggetto infatti è posta in *rapporto di specialità*: non è ammissibile il concorso tra le stesse norme. È opportuno però chiarire in ambito di applicazione come esse intervengono quando si realizza un fatto criminoso, istruttoria che viene necessariamente svolta dai giuristi analizzando minuziosamente la fattispecie *'caso per caso'*.

Ritengo opportuno soffermarci un attimo per specificare meglio le diversificazioni che intercorrono tra gli articoli che stiamo trattando; si tratta di una differenza che riguarda l'*elemento causale*. Se l'induzione in errore della vittima è un elemento richiesto necessariamente perché esplicitato nell'Art. 640 c.p., così non è per l'Art. 640 *ter* c.p., il quale cristallizza l'elemento causale della condotta criminosa nella semplice attività fraudolenta che investe il sistema informatico della stessa vittima.

"Il reato di frode informatica (Art. 640 ter c.p.) ha la medesima struttura e quindi i medesimi elementi costitutivi della truffa dalla quale si differenzia solamente perché l'attività fraudolenta dell'agente investe non la persona (soggetto passivo), di cui difetta l'induzione in errore, bensì il sistema informatico di pertinenza della medesima, attraverso la manipolazione di detto sistema. Anche la frode informatica si consuma nel momento in cui l'agente consegue l'ingiusto profitto con correlativo danno patrimoniale altrui" [50].

Ipotizziamo ora il caso in cui, oltre all'alterazione del sistema informatico, fattispecie che ricadrebbe dunque nell'ambito di disciplina dell'Art. 640 *ter*, vi sia anche l'induzione in errore della vittima: in questo caso specifico prevarrà il reato base di truffa regolato dall'Art. 640. Inoltre ricordiamo che:

"Possono formalmente concorrere i reati di accesso abusivo a un sistema informatico (Art. 615 ter c.p.) e di frode informatica (Art. 640 ter c.p.): trattasi di reati totalmente diversi, il secondo dei quali postula necessariamente la manipolazione del sistema, elemento costitutivo non necessario per la consumazione del primo: la differenza fra le due ipotesi criminose si ricava, inoltre, dalla diversità dei beni giuridici tutelati, dall'elemento soggettivo e dalla previsione della possibilità di commettere il reato di accesso abusivo solo nei riguardi di sistemi protetti, caratteristica che non ricorre nel reato di frode informatica. (Nella specie è stata ritenuta la possibilità del concorso dei due reati nel comportamento di indagati che, digitando da un apparecchio telefonico sito in una

---

[50] Cassazione penale, Sez. VI, sentenza n. 3065 del 14 dicembre 1999

filiale italiana della società autorizzata all'esercizio della telefonia fissa un numero corrispondente a un'utenza extra urbana, e facendo seguire rapidamente un nuovo numero corrispondente a un'utenza estera, riuscivano a eludere il blocco del centralino nei confronti di tali telefonate internazionali, così abusivamente introducendosi nella linea telefonica e contestualmente procurandosi ingiusto profitto con danno per la società di esercizio telefonico)" [51].

La stessa Corte di Cassazione riprenderà il concetto già esposto nel 1999 in una sentenza del 2004, riaffermando che:

"Il delitto di accesso abusivo a un sistema informatico previsto dall'Art. 615 ter c.p. può concorrere con quello di frode informatica di cui all'Art. 640 ter c.p., in quanto si tratta di reati diversi: la frode informatica postula necessariamente la manipolazione del sistema, elemento costitutivo non necessario per la consumazione del reato di accesso abusivo che, invece, può essere commesso solo con riferimento a sistemi protetti, requisito non richiesto per la frode informatica" [52].

La *ratio legis* dell'Art. 640 *ter* si identifica inoltre nell'offrire una tutela al *patrimonio individuale*, e più specificamente nel regolare il funzionamento dei sistemi informatici al fine di tutelare e garantire la *riservatezza dei dati personali* in essi contenuti.

---

[51] Cassazione penale, Sez. VI, sentenza n. 3067 del 14 dicembre 1999
[52] Cassazione penale, Sez. V, sentenza n. 2672 del 27 gennaio 2004

La condotta del *reo* viene descritta dalla norma come svolta mediante la *manipolazione*, non richiedendo qui gli *'artifizi'* o i *'raggiri'* invece previsti precedentemente nel reato di truffa.

> *"(...) alterando in qualsiasi modo il funzionamento di un sistema informatico o telematico o intervenendo senza diritto con qualsiasi modalità su dati, informazioni o programmi (...)"*

I termini *'alterando'* e *'intervenendo'* racchiudono il significato di una modalità di agire diversa dall'artifizio o raggiro in quanto la condotta non si manifesta insieme al soggetto passivo, potendo avvenire anche a distanza e senza il coinvolgimento diretto della vittima. Condotta che altera e interviene, in un sistema informatico mediante qualsiasi procedura sui dati, sulle informazioni o sui programmi contenuti all'interno di un sistema informatico o telematico o ad esso pertinenti.

Già dal 1999 la Corte di Cassazione penale con la sentenza n. 3067/99 dà una descrizione articolata di cosa si debba intendere per sistema informatico:

> *"Deve ritenersi «sistema informatico», secondo la ricorrente espressione utilizzata nella legge 23 dicembre 1993, n. 547, che ha introdotto nel codice penale i cosiddetti computer's crimes, un complesso di apparecchiature destinate a compiere una qualsiasi funzione utile all'uomo, attraverso l'utilizzazione (anche parziale) di tecnologie informatiche, che sono caratterizzate - per mezzo di un'attività di «codificazione» e «decodificazione» - dalla «registrazione» o «memorizzazione», per mezzo di impulsi elettronici, su supporti adeguati, di «dati», cioè di rappresentazioni elementari di un fatto, effettuata attraverso simboli (bit), in*

combinazione diverse, e dalla elaborazione automatica di tali dati,
in modo da generare «informazioni», costituite da un insieme più o
meno vasto di dati organizzati secondo una logica che consenta
loro di esprimere un particolare significato per l'utente. La
valutazione circa il funzionamento di apparecchiature a mezzo di
tali tecnologie costituisce giudizio di fatto insindacabile in
Cassazione ove sorretto da motivazione adeguata e immune da
errori logici. (Nella specie è stata ritenuta corretta la motivazione
dei giudici di merito che avevano riconosciuto la natura di «sistema
informatico» alla rete telefonica fissa (...) in un caso in cui erano
stati contestati i reati di accesso abusivo a sistema informatico [Art.
615 ter c.p.] e di frode informatica [Art. 640 ter c.p.])" [53].

Anche qui, come nell'Art. 640, per quanto riguarda l'*elemento soggettivo*, è rappresentato dal *dolo generico*: *"procura a sé o ad altri un ingiusto profitto con altrui danno"*, non tenendo in considerazione gli scopi perseguiti dall'offensore.

La norma penale fissa con una cornice edittale della pena *"con la reclusione da sei mesi a tre anni"* ; prevedendo altresì una pena pecuniaria *"con la multa da cinquantuno euro a milletrentadue euro"*.

Ritengo opportuno approfondire il tema elencando alcuni degli apporti giurisprudenziali più importanti forniti da parte della Cassazione Penale:

"Integra il delitto di frode informatica, e non quello di indebita
utilizzazione di carte di credito, la condotta di colui che, servendosi
di una carta di credito falsificata e di un codice di accesso
fraudolentemente captato in precedenza, penetri abusivamente nel

---

[53] Cassazione penale, Sez. VI, sentenza n. 3067 del 14 dicembre 1999

sistema informatico bancario ed effettui illecite operazioni di trasferimento fondi" [54].

"Integra il reato di frode informatica, nelle forme dell'intervento senza diritto su dati e informazioni contenuti in un sistema informatico, oltre che quello di accesso abusivo ad un sistema informatico, la condotta del dipendente dell'Agenzia delle Entrate che, utilizzando la "password" in dotazione, manomette la posizione di un contribuente, effettuando sgravi non dovuti e non giustificati dalle evidenze in possesso dell'ufficio" [55].

"Integra il delitto di frode informatica, e non quello di indebita utilizzazione di carte di credito, colui che, servendosi di una carta di credito falsificata e di un codice di accesso fraudolentemente captato in precedenza, penetri abusivamente nel sistema informatico bancario ed effettui illecite operazioni di trasferimento fondi, tra cui quella di prelievo di contanti attraverso i servizi di cassa continua" [56].

"Il reato di frode informatica aggravata, commesso in danno di un ente pubblico, si consuma nel momento in cui il soggetto agente (nella specie: il pubblico dipendente infedele) interviene, senza averne titolo, sui dati del sistema informatico, alterandone, quindi, il funzionamento" [57].

---

[54] Cassazione penale, Sez. II, sentenza n. 26229 del 25 maggio 2017
[55] Cassazione penale, Sez. II, sentenza n. 13475 del 22 marzo 2013
[56] Cassazione penale, Sez. II, sentenza n. 17748 del 6 maggio 2011
[57] Cassazione penale, Sez. II, sentenza n. 6958 del 23 febbraio 2011

Proseguendo il nostro studio al comma secondo, all'interno della fattispecie troviamo delle circostanze aggravanti speciali di natura oggettiva. Infatti leggiamo che:

> "*La pena è della reclusione da uno a cinque anni e della multa da trecentonove euro a millecinquecentoquarantanove euro se ricorre una delle circostanze previste dal numero del secondo comma dell'Articolo 640, (...)* (che prevede a sua volta "*se il fatto è commesso a danno dello Stato o di un altro ente pubblico o col pretesto di far esonerare taluno dal servizio militare),* ovvero se il fatto è commesso con abuso della qualità di operatore del sistema*".*

Spendiamo un cenno riguardo alla questione dell'*abuso delle qualità di operatore del sistema*. In dottrina tale abuso è ricondotto alla *natura dell'incarico del soggetto agente*, il quale facendo un uso improprio del suo potere, induce altri a dare o promettere; commettendo e identificando c.d. *reati propri* opposti ai *reati comuni*. Un esempio è il reato di concussione: delitto commesso da un pubblico ufficiale, o da persona incaricata di un pubblico servizio, il quale costringe o induce qualcuno a dare o a promettere indebitamente a lui o a un terzo denaro o altra utilità.

Il comma terzo è stato inserito dall'Art. 9, comma 1, lett. a), del D.L. 14 agosto 2013, n. 933, convertito dalla l. 15 ottobre 2013, n. 119. Il panorama normativo si è difatti arricchito dell'*aggravante ad effetto speciale* del fenomeno delittuoso nella forma del *phishing*, a tutela delle sempre più numerose vittime di furti dei dati sensibili nel *web*.

Dal comma in questione è possibile facilmente ricavare pene più gravose; nello specifico per la pena della reclusione che va "*da due a sei anni"* e della pena pecuniaria con la multa *"da euro 600 a euro 3.000"* se la fattispecie concreta è commessa mediante la circostanza aggravante di *"furto o indebito utilizzo dell'identità digitale in danno di uno o più soggetti"*.

Infatti, come possiamo constatare, se il delitto di cui all'Art. 494 c.p. da una parte punisce solo una prima fase del fenomeno in argomento, dall'altra rischierebbe di snaturare la stessa configurazione del reato commesso:

1) Per dissimilarità della tipicità nelle indicazioni fornite dal legislatore nella *fattispecie astratta*, e *fattispecie concreta, cioè il fatto come si è realizzato materialmente;*
2) *Risposta sanzionatoria più rispondente al disvalore della condotta.*

Il comma quarto, invece, fu prima modificato dall'Art. 9, D.L. 14 agosto 2013, n. 93 e poi dall'Art. 9, D.Lgs. 10 aprile 2018, n. 36 in vigore dal 9 maggio 2018, il quale sancisce che *"il delitto è punibile a querela della persona offesa"*, se ricorrono le circostanze previste *"al secondo e terzo comma"* dello stesso, oppure delle circostanze previste dall'Articolo 61, primo comma, numero 5, *"l'avere profittato di circostanze di tempo, di luogo o di persona, anche in riferimento all'età, tali da ostacolare la pubblica o privata difesa"* e numero 7 *"l'avere, nei delitti contro il patrimonio, o che comunque offendono il patrimonio, ovvero nei delitti determinati da motivi di lucro, cagionato alla persona offesa dal reato un danno patrimoniale di rilevante gravità"*.

6.2.3.1 Il reato di identity theft nella condotta del phisher

Con il presente paragrafo voglio analizzare in modo più specifico il reato del *phishing*, dal momento che si tratta del fenomeno più diffuso al giorno d'oggi tra i reati informatici.

Dal punto di vista dell'illecito civile, come abbiamo potuto osservare nel capitolo dedicato al Codice Privacy, il comportamento del *phisher* configura una responsabilità extracontrattuale che obbliga al risarcimento dei danni patrimoniali e non cagionati alle vittime. Infatti, l'Art. 15 del d.lg. n. 196/2003, c.d. "Codice Privacy", al primo comma, sancisce che *"chiunque cagiona danno ad altri per effetto del trattamento di dati personali è tenuto al risarcimento ai sensi dell'Art. 2050 del codice civile"*, prevedendo al successivo secondo comma la risarcibilità del danno non patrimoniale *"anche in caso di violazione"* del precedente Art. 11. Secondo parte della dottrina, nella previsione di cui all'Art. 15 del "Codice della Privacy" si possono individuare tra i soggetti responsabili del danno anche gli stessi *istituti di credito*, gli *enti* e le *società*, a loro volta vittime del *phisher*, sulla base del combinato disposto dell'Art. 31, che sancisce per i medesimi soggetti, quali titolari del trattamento dei dati dei propri clienti, l'obbligo di custodire e controllare *"in modo da ridurre al minimo, mediante l'adozione di idonee e preventive misure di sicurezza, i rischi di distruzione o perdita, anche accidentale, dei dati stessi, di accesso non autorizzato o di trattamento non consentito o non conforme alle finalità della raccolta"*. La responsabilità sul piano civile, in capo al *phisher*, viene accentuata inoltre dalle molteplici violazioni sanzionate dal Codice della Privacy; ad esempio quelle di cui all'Art. 23 per il *mancato consenso della vittima al trattamento dei dati* e di cui all'Art. 122 primo comma che sancisce il *"divieto di utilizzare una rete di comunicazione elettronica al fine di accedere ad informazioni archiviate nell'apparecchio terminale di un abbonato o di un utente, per archiviare informazioni o per monitorare le operazioni dell'utente"*.

Per quanto riguarda la tutela in ambito penale, la condotta del *phisher* integra, innanzitutto, il reato di trattamento illecito dei dati personali, di cui all'Art. 167 del Codice della Privacy, che punisce *"chiunque, al fine di trarne per sè o per altri profitto o di recare ad altri un danno, procede al trattamento di dati personali"* con la reclusione da sei a diciotto mesi o, se il fatto consiste nella comunicazione o diffusione, con la reclusione da sei a ventiquattro mesi, nonché l'illecito penale per violazione delle misure di sicurezza previsto per i titolari del trattamento dati ex Art. 169 del Codice Privacy, nonché il più grave reato di truffa ex Art. 640 c.p. primo comma, il quale prevede la reclusione da sei mesi a tre anni e la multa da cinquantuno a milletrentadue euro verso *"chiunque, con artifizi o raggiri, inducendo taluno in errore, procura a sé o ad altri un ingiusto profitto con altrui danno"* , ovvero quello di truffa aggravata, di cui al secondo comma dell'Art. 640 c.p., allorquando il fatto sia commesso ingenerando nella persona offesa il timore di un pericolo o l'erroneo convincimento di dover eseguire l'ordine di un'autorità.

Il *phishing* integra, inoltre, come abbiamo visto, gli estremi del delitto di "frode informatica" per come definita dall'Art. 640-ter c.p.c., che presuppone *"un'alterazione del funzionamento di un sistema informatico o un intervento abusivo sul sistema stesso o su dati o informazioni o programmi ivi contenuti o ad esso pertinenti, così da determinare un ingiusto profitto per il soggetto attivo e un danno per il soggetto passivo"* nonché possono ravvisarsi gli estremi del reato di cui all'Art. 615-ter c.p. primo comma, rubricato *"Accesso abusivo ad un sistema informatico o telematico"* ovvero del delitto di utilizzo indebito di carte di credito e di pagamento, ai sensi dell'Art. 12 d.l. n. 143/1991 convertito in l. n. 197/1991 (Cass. Pen. n. 37115/2002). Infine può profilarsi anche l'applicazione del *delitto di sostituzione della persona* ex Art. 494 c.p. sebbene non si tratti di materiale sostituzione della stessa, perché il c.d. *"identity theft"* si sostanzia anche qualora avvenga il mero utilizzo degli estremi identificativi del soggetto, attraverso l'uso delle credenziali ottenute in maniera illecita per accedere a sistemi informatici e porre in essere transazioni non consentite[58].

---

[58] Diritto.it - Il portale giuridico italiano

7. Conclusioni

In merito a questa trattazione, abbiamo potuto analizzare il fenomeno delittuoso del furto dell'identità digitale, essendoci calati più nel dettaglio esaminando i vari aspetti di natura etimologica e fenomenologica, in una chiave rivolta all'analisi giuridica penalistica della fattispecie, oltre che descrittiva della evoluzione storica normativa fino ai nostri giorni. É opportuno finalmente dedicarci ora alla conseguente e mirata conclusione, interpretando alla luce di quanto fin qui esposto il cuore della trattazione, sperando di aver contribuito ad un apporto tecnico-giuridico nella scienza giuridica.

Sin dalla prima forma delittuosa di furto di identità, reato di considerevole gravità, il legislatore ha disciplinato il caso di chi, mettendo in atto una serie di azioni, appare con le caratteristiche di un altro soggetto, sostituendosi nella sfera vitale e legittima della vittima. La fattispecie si realizza in una condotta atta ad indurre in errore i terzi, i quali, credendo di essere in contatto con la persona rappresentata, si rapportano invece con il suo rappresentante illegittimo. Nel presente, dove il digitale sta assumendo sempre di più un forte e prepotente impatto nella vita sociale, visto come canale privilegiato per intrattenere relazioni universali tra 'simili', dove la sua scelta risiede nella capacità di superare le barriere di ordine preconcettuale, stereotipiche oltre che di lontananza, diversamente visibili ad "occhio nudo", si implementa, e la si desidera al contempo, la propria identità materiale nel suo surrogato digitale. Quest'ultima identità è quella che maggiormente conversa, e lo fa poco meno la stessa persona nella reale scena materiale corporea; identità trasposta, che necessita inevitabilmente di una sorveglianza e protezione dagli illeciti, messi in atto da chi si rifugia in quest'ultima per attuare, con i suoi interessi, il suo disegno criminoso.

É un po' improprio parlare quindi di 'furto d'identità digitale' anche come semplice metafora in quanto, la norma penale riconduce il furto all'Art. 624 c.p. alla condotta di chi impossessandosi della cosa mobile altrui, la sottrae a chi la detiene. Nel nostro caso, infatti, il vero titolare non viene "spossessato" ma, più semplicemente, un'altra persona si comporta come fosse il vero titolare. Sul piano più strettamente giuridico non poteva essere applicata analogicamente in quanto la natura che contrassegna il bene tutelato dall'Art. 624 è *"cosa mobile altrui"*, detenuta da colui alla quale viene sottratta: gli elementi che costituiscono l'identità di una persona, non sono cose come '*res'*, e per di più non possono essere oggetto di detenzione, in quanto come è possibile detenere i connotati che contraddistinguono la personalità intellettuale, ideologica, politica e religiosa di un individuo? Sarebbe quindi giusto parlare di furto d'identità digitale come fenomeno, ma decisamente non riscontrabile in questi termini in dottrina, essendo costituito da una commistione di due potenziali reati.

Ora più che mai, nell'età della *rivoluzione digitale*, la difficoltà nel disciplinare tale fenomeno cyber-criminale è superato dalla scienza penale la quale offre un significativo impianto *solidaristico*; quello che voglio dire è che la risposta alla condotta del furto di identità con il "digitale" è fornita dal combinato disposto tra gli Artt. 494 e 640 *ter* del Codice penale, volti a soddisfare, almeno nella portata normativa *'statica'* del diritto oggettivo, una regolamentazione capace di contrastare il fenomeno "sulla carta"; sanzionando due condotte tipiche distinte: la prima contraddistinta in una sostituzione della propria all'altrui persona, o con l'attribuzione a sé o ad altri di un falso nome, un falso stato o qualità della vittima, sempre che non costituisca la condotta più grave di frode informatica, rappresentata invece dalla manipolazione di un sistema informatico e/o telematico, con la quale procura a sé o ad altri un ingiusto profitto. D'altro canto, bisogna ammettere che la lacuna più grande è data dalla mancanza di una responsabilità penale diretta dei *provider (Google, Facebook, Youtube)*, e dalla difficoltà di mettere in atto un'azione dinamica della repressione da parte della giustizia, più immediata o quasi proporzionale alla velocità di immissione di dati in rete, con le sue relative conseguenze.

Personalmente ritengo che un miglior controllo futuro sia possibile grazie ad un'adeguata prevenzione messa in atto in un primo momento dalle stesse *società di informazione* con modalità di informazioni adeguate e non menefreghiste, bocciando informative infinite, ridondanti e poco chiare per l'utente medio. Così da infondere nel singolo utente una maggiore consapevolezza dei rischi che possono derivare dall'uso improprio sia dei dispositivi informatici che dei *social network* e del *web* nel suo significato più ampio e suscitare una consapevolezza pubblica, che sia insita nella maggioranza dell'utenza mondiale.

Come abbiamo potuto constatare la tutela del diritto alla riservatezza rappresenta una delle ardue sfide dei legislatori mondiali e delle singole autorità indipendenti, ai pari delle crisi economiche, e dell'inquinamento globale; infatti, la stessa gravità di questi fenomeni, se non maggiore, è da attribuire a tali casi. Innumerevoli sono i delitti che ancora oggi potenzialmente possono mietere più vittime di un'epidemia. Basti pensare ad un caso di perdita dei dati personali di un *provider*, per mano di uno scellerato che minacci di ricattare le sue vittime postando contenuti sensibili, ottenuti illegalmente. A tale gravità, è necessario un intervento correttivo dell'abuso; sia di deterrenza, prevedendo una *standardizzazione* che interessi a livello cosmopolita della descrizione del reato e dell'opportuna retribuzione collegata al disvalore della condotta da infliggere all'offensore, e della sua conseguente funzione di formazione rivolta al recupero del reo. Inevitabile sarà affrontare da parte delle autorità le legittime criticità sollevate sia dal pensiero comune, sia dai pensieri che maggiormente sono dibattuti in dottrina.

Illuminanti sono le citazioni esposte nel corso della trattazione del Presidente dell'Autorità Garante per la protezione dei dati personali nella relazione per l'anno 2006, e le sue perplessità nel mettere in atto misure idonee a contrastare i fenomeni illegali privi di adeguati "freni". Ma come abbiamo potuto notare, anche con le costanti ricerche normative grazie all'ultima entrata in vigore del Regolamento generale sulla protezione dei dati n. 679/2016 c.d. *"GDPR"*, si testimonia di un continuo impegno che la Comunità Europea riserva ai propri cittadini in materia di *privacy*, con l'intento di promuovere lo sviluppo dell'utilizzo delle piattaforme informatiche e assicurando, al tempo stesso, un corredo di diritti più corrispondenti alle esigenze sollevate dagli interessati al trattamento dei dati personali, dandoci così la possibilità di intravedere davanti a noi un futuro più garantito e sereno sotto ogni punto di vista, anche digitale.

Sitografia

- https://www.normattiva.it (ultima consultazione il 24/07/19)
- https://it.wikipedia.org (ultima consultazione il 25/07/19)
- http://www.treccani.it (ultima consultazione il 17/07/19)
- https://www.protiviti.com (ultima consultazione il 27/07/19)
- https://maxvalle.it (ultima consultazione il 05/08/19)
- https://www.ecc-netitalia.it (ultima consultazione il 05/08/19)
- https://www.avast.com (ultima consultazione il 07/08/19)
- https://www.altalex.com (ultima consultazione il 08/08/19)
- https://www.diritto.it (ultima consultazione il 12/08/19)
- https://www.garanteprivacy.it (ultima consultazione il 14/08/19)
- https://www.brocardi.it (ultima consultazione il 10/08/19)

Bibliografia

- *Carta dei Diritti Fondamentali dell'Unione Europea,* artt. 7 e 8
- *Convenzione Europea dei Diritti dell'Uomo,* CEDU, art. 8
- *Convenzione Internazionale sui Diritti civili e politici,* art. 17
- *Costituzione Italiana*
- *Decreto Legislativo del 30 giugno 2006 n. 196, art. 167 - ter*
- *Dichiarazione Universale dei Diritti Umani,* art. 12
- Pretura di Roma, 6 maggio 1974, in *Foro Italiano,* 1974, I, 1806
- Tribunale di Milano, 19 giugno 1980
- Tribunale di Trento, 29 aprile 2014, n. 369

- Corte di Cassazione, sentenza n. 5658 dell'8 giugno 1998
- Corte di Cassazione, sentenza n. 3769 del 22 giugno 1985
- Corte di Cassazione, SS. UU., sentenza n. 46982 del 25 ottobre 2007

- Cassazione penale, Sez. II, sentenza n. 26229 del 25 maggio 2017
- Cassazione penale, Sez. II, sentenza n. 13475 del 22 marzo 2013
- Cassazione penale, Sez. II, sentenza n. 6958 del 23 febbraio 2011
- Cassazione penale, Sez. II, sentenza n. 17748 del 6 maggio 2011
- Cassazione penale, Sez. V, sentenza n. 10362 del 6 marzo 2009
- Cassazione penale, Sez. V, sentenza n. 2672 del 27 gennaio 2004
- Cassazione penale, Sez. V, sentenza n. 46674 dell'8 novembre 2007
- Cassazione penale, Sez. V, sentenza n. 36094 del 27 settembre 2006
- Cassazione penale, Sez. V, sentenza n. 46674 del 14 dicembre 2007
- Cassazione penale, Sez. V, sentenza n. 4413 del 30 gennaio 2018
- Cassazione penale, Sez. V, sentenza n. 18826 del 28 novembre 2012
- Cassazione penale, Sez. V, sentenza n. 35091 del 29 settembre 2010

- Cassazione penale, Sez. V, sentenza n. 8278, 6 novembre 2015
- Cassazione penale, Sez. VI, sentenza n. 3067 del 14 dicembre 1999
- Cassazione penale, Sez. VI, sentenza n. 3065 del 14 dicembre 1999

- Auletta T. A., *Riservatezza e tutela della personalità*, Milano, 1978, pp. 42-43
- Barbera A., Art. 2, in Branca G. (a cura di), *Commentario della Costituzione. Principi fondamentali*, Art. 1-12, Bologna, 1975, pp. 50 ss.
- Belvedere A., *Riservatezza e strumenti d'informazione*, in Dizionario del diritto privato, Milano, 1980, p. 750
- Cadoppi, Canestrari, Manna, Papa, *Cybercrime*, Milano, UTET Giuridica, 2019
- Cipolla, *Social network, furto di identità e reati contro il patrimonio*, in Giur. di Merito, fasc. 12, 2012, 2672
- Pino G., *Il diritto all'identità personale. Interpretazione costituzionale e creatività giurisprudenziale*, Bologna, 2003 pp. 67-69 e ss.
- Pizzorusso A., *I profili costituzionali di un nuovo diritto della persona*, in AAVV, Il diritto alla identità personale, cit., p. 30